L&PM POCKET ENCYCLOPÆDIA

JAPÃO MODERNO

Uma breve introdução

Série L&PM POCKET ENCYCLOPÆDIA

Alexandre, o Grande Pierre Briant
Anjos David Albert Jones
Ateísmo Julian Baggini
Bíblia John Riches
Budismo Claude B. Levenson
Cabala Roland Goetschel
Câncer Nicholas James
Capitalismo Claude Jessua
Células-tronco Jonathan Slack
Cérebro Michael O'Shea
China moderna Rana Mitter
Cleópatra Christian-Georges Schwentzel
A crise de 1929 Bernard Gazier
Cruzadas Cécile Morrisson
Dinossauros David Norman
Drogas Leslie Iversen
Economia: 100 palavras-chave Jean-Paul Betbèze
Egito Antigo Sophie Desplancques
Epidemiologia Rodolfo Saracci
Escrita Andrew Robinson
Escrita chinesa Viviane Alleton
Evolução Brian e Deborah Charlesworth
Existencialismo Jacques Colette
Filosofia pré-socrática Catherine Osborne
Geração Beat Claudio Willer
Guerra Civil Espanhola Helen Graham
Guerra da Secessão Farid Ameur
Guerra Fria Robert McMahon
História da medicina William Bynum
História da vida Michael J. Benton
História econômica global Robert C. Allen
Império Romano Patrick Le Roux
Impressionismo Dominique Lobstein
Inovação Mark Dodgson e David Gann
Islã Paul Balta
Japão moderno Christopher Goto-Jones
Jesus Charles Perrot
John M. Keynes Bernard Gazier
Jung Anthony Stevens
Kant Roger Scruton
Lincoln Allen C. Guelzo
Maquiavel Quentin Skinner
Marxismo Henri Lefebvre
Memória Jonathan K. Foster
Mitologia grega Pierre Grimal
Nietzsche Jean Granier
Paris: uma história Yvan Combeau
Platão Julia Annas
Pré-história Chris Gosden
Primeira Guerra Mundial Michael Howard
Reforma Protestante Peter Marshall
Relatividade Russell Stannard
Revolução Francesa Frédéric Bluche, Stéphane Rials e Jean Tulard
Revolução Russa S. A. Smith
Rousseau Robert Wokler
Santos Dumont Alcy Cheuiche
Sigmund Freud Edson Sousa e Paulo Endo
Sócrates Cristopher Taylor
Teoria da arte Cynthia Freeland
Teoria quântica John Polkinghorne
Tragédias gregas Pascal Thiercy
Vinho Jean-François Gautier

Christopher Goto-Jones

JAPÃO MODERNO

Uma breve introdução

Tradução de Alexandre Boide

www.lpm.com.br
L&PM POCKET

Coleção **L&PM** POCKET, vol. 1324

Texto de acordo com a nova ortografia.
Título original: *Modern Japan: A Very Short Introduction*
Primeira edição na Coleção **L&PM** POCKET: novembro de 2019

Tradução: Alexandre Boide
Capa: Ivan Pinheiro Machado. *Ilustração*: iStock
Preparação: Simone Diefenbach
Revisão: Marianne Scholze

CIP-Brasil. Catalogação na publicação
Sindicato Nacional dos Editores de Livros, RJ

G712j

Goto-Jones, Christopher, 1974-
Japão moderno / Christopher Goto-Jones; tradução Alexandre Boide. – 1. ed. – Porto Alegre [RS]: L&PM, 2019.
192 p. ; 18 cm. (Coleção L&PM POCKET, v. 1324)

Tradução de: *Modern Japan: A Very Short Introduction*
ISBN 978-85-254-3883-6

1. Japão - Política e governo. 2. Japão - História - Séc. XXI. I. Boide, Alexandre. II. Título. III. Série.

19-58385 CDD: 952.05
CDU: 94(520) "20"

Vanessa Mafra Xavier Salgado - Bibliotecária - CRB-7/6644

Rua Comendador Coruja, 314, loja 9 – Floresta – 90.220-180
Porto Alegre – RS – Brasil / Fone: 51.3225.5777

Pedidos & Depto. comercial: vendas@lpm.com.br
Fale conosco: info@lpm.com.br
www.lpm.com.br

Impresso no Brasil
Primavera de 2019

Sumário

AGRADECIMENTOS E ESCLARECIMENTOS

Os nomes japoneses estão escritos na ordem correta, com o sobrenome antes do prenome. No caso de figuras históricas de maior relevância, é de praxe a referência apenas ao prenome: assim, Tokugawa Ieyasu é citado muitas vezes como Ieyasu; Oda Nobunaga é referido somente como Nobunaga; Toyotomi Hideyoshi é mencionado como Hideyoshi. No entanto, é preciso atentar para o fato de que existem exceções a essa regra. As vogais tônicas são indicadas com o uso do acento circunflexo, como em Nishida Kitarô.

Eu gostaria de agradecer a Rana Mitter, Rikki Kersten, Angus Lockyer e aos pareceristas da Oxford University Press por sua leitura cuidadosa do manuscrito completo, suas críticas generosas e construtivas e sua compreensão quanto à dificuldade de escrever um livro tão curto sobre um tema tão amplo. Apesar de toda a ajuda, todos os eventuais erros no texto são inteiramente de minha responsabilidade. Devo minha gratidão também à minha editora, Andrea Keegan, pelo incentivo permanente e pela paciência digna de nota (principalmente depois da perda de um disco rígido inteiro em Osaka). Agradeço também ao Modern East Asia Research Centre (MEARC) pela bolsa para passar um período em Kyoto no qual me dediquei à escrita em si e a Esther por ter tornado o impossível possível em matéria de tempo. E, por fim, agradeço a Nozomi e ao restante do pessoal, e também aos meus alunos em Leiden, que me ensinaram a importância de explicar em vez de deduzir; espero que este livrinho seja um passo na direção certa, embora não arrisque dedução alguma a esse respeito.

Na verdade, este livro é dedicado mesmo aos meus pais, que sempre apoiaram meu interesse pelo Japão, apesar de nunca compreenderem o porquê; espero que este texto os ajude a entender.

Introdução: o que o Japão moderno tem de moderno?

Para muita gente nos dias de hoje, o Japão moderno é sinônimo de potência econômica. Na opinião de muitos analistas, o país é a economia industrial (ou até mesmo pós-industrial) mais bem-sucedida da atualidade, com sua combinação de uma prosperidade quase sem precedentes com uma admirável estabilidade e aparente harmonia social. Apesar dos problemas econômicos enfrentados recentemente, o Japão continua sendo a terceira maior economia do planeta de acordo com a maioria dos indicadores, ficando atrás apenas da China e dos Estados Unidos. Os bens materiais e culturais japoneses são exportados e consumidos no mundo todo – de desenhos animados a jogos de videogame, de automóveis a semicondutores, de técnicas de administração de empresas a artes marciais.

Em diversos sentidos, apesar de ser visto como um ícone de "modernidade" no mundo contemporâneo, o Japão permanece sendo uma espécie de enigma para os não iniciados, que veem o país como uma confusa mistura entre o estranho e o familiar, o tradicional e o moderno, e até mesmo entre o "Oriente" e o "Ocidente". Como veremos neste livro, essa confusão se deve em parte à ideia equivocada de que, embora no assim chamado "Ocidente" a modernidade não entre em conflito com a cultura local, no Japão e em outras partes seus aspectos mais evidentes parecem fora de lugar, ou até mesmo inexplicáveis. A raiz desse equívoco está na noção arraigada de que a modernidade é algo inerente à tradição europeia e norte-americana. Essa noção inclusive está por trás de muitos dos protestos ocorridos em tempos recentes contra a globalização e o capitalismo: o rolo compressor da modernidade é encarado por muitas pessoas como uma expansão do Ocidente.

Para exemplificar tudo isso, vamos parar para analisar um evento ocorrido há não muito tempo.

Percepções do Japão moderno: a Copa do Mundo de 2002

A notícia de que a Copa do Mundo de 2002 seria realizada no Japão e na Coreia foi recebida com uma boa dose de ceticismo por parte dos europeus. A primeira Copa a ser disputada na Ásia seria como a dos Estados Unidos, em 1994, sediada por um país riquíssimo, mas que não tinha interesse algum pelo futebol (ou "soccer"), em uma tentativa de popularizar o esporte na região? O público europeu dispunha de bem menos informações sobre essas nações do "Extremo Oriente" do que sobre os Estados Unidos: conheciam marcas como Nintendo, Sony e Daewoo; sabiam da existência do caratê e do taekwondo; estavam informados a respeito de Pearl Harbor, de Hiroshima e da Guerra da Coreia. Não sabiam que a "J-League", o campeonato japonês de futebol, era uma das ligas mais rentáveis do planeta; e na certa nem imaginavam que a Coreia chegaria às semifinais (em que acabaria sendo derrotada pela Alemanha), eliminando "grandes potências" como Itália e Espanha no caminho e deixando para trás na classificação do torneio equipes consideradas favoritas, como Inglaterra, Argentina e França, então detentora do título. Em termos gerais, a paixão pelo futebol (e a capacidade técnica dos jogadores) no Japão e na Coreia pegou a Europa de surpresa.

Vale a pena refletir um pouco sobre o porquê de o interesse dos asiáticos pelo futebol ter surpreendido tanta gente. Parte disso se explica pelo tipo de imagens do Japão ao qual o público do "Ocidente" costuma ser exposto. Durante a cobertura da Copa do Mundo, por exemplo, a sempre elogiada BBC produziu dois belos anúncios publicitários para o torneio. O primeiro, exibido nas semanas anteriores ao início dos jogos, era um vídeo de dois minutos em estilo anime, as popularíssimas animações japonesas que hoje respondem por 60% dos desenhos animados transmitidos pela televisão no mundo inteiro. O anúncio começava com uma narração dramática facilmente reconhecível pelos fãs de games de luta e filmes de artes marciais: "A cada quatro anos, os grandes heróis dos quatro cantos do planeta se reúnem para disputar o título mais importante conhecido pelo homem...". Ao fundo, uma legenda com kanjis (os caracteres chineses usados pelos japoneses) e hanguls (os caracteres coreanos) estilizados piscava ameaçadoramente. A partir desse momento, o vídeo ganhava ares de ficção científica: uma bola voava pelos ares como um foguete; telas de computadores e luzes de neon começavam a piscar e apitar enquanto a rastreavam; em um tanque de flutuação futurista, via-se um homem com uma perna metálica de ciborgue (que no fim se revelava o quase sobrenaturalmente talentoso capitão da seleção francesa, Zinédine Zidane); e então um time inteiro de craques em versão anime (que não incluía nenhum japonês ou coreano) saía pelas ruas de uma cidade (japonesa) repleta de letreiros luminosos em perseguição à bola-projétil.

Em um vídeo de dois minutos cheio de efeitos visuais estilizados e inúmeras referências à cultura pop, transmitia-se uma noção de que o Japão era uma espécie de utopia futurista, um lugar onde robôs e computadores como os retratados pelo escritor William Gibson em seu clássico da literatura cyberpunk *Neuromancer* (1984) se tornaram realidade. Além disso, as referências ao futebol em si em nenhum momento incluíam japoneses e coreanos, apesar de haver um monte de gente nas ruas admirando os astros estrangeiros do esporte.

O segundo vídeo era exibido durante a abertura da transmissão dos jogos. Trata-se de uma sucessão de imagens muito mais romantizadas: começa mostrando o nascer do sol em um templo à beira de um lago, seguido por um close nos olhos de uma estátua de Buda, uma bandeira do Japão tremulando ao vento, lutadores de sumô, uma bandeira da Coreia e algumas carpas. Nesse momento, uma bola de futebol é chutada e deixa um rastro de luz em sua trajetória que nos guia pelo restante das imagens: a estátua de Buda novamente, o panorama de uma cidade (com luzes de neon e um templo), um estádio de futebol (com um jogador brasileiro), algumas danças tradicionais coreanas, David Beckham, um pouco mais de dança coreana, outro lutador de sumô, outro templo, um close no rosto de uma gueixa (ou *gisaeng*) e por fim uma lenta e romântica tomada do Monte Fuji. A partir daí, o ritmo das ações se acelera, e somos trazidos de volta à era moderna: um trem-bala surge na tela, seguido por mais imagens de jogadores de futebol, mais trens, mais luzes de neon em ruas lotadas com telões luminosos (mostrando jogadores de futebol), mais danças tradicionais coreanas e por fim a bola com o rastro reluzente passa no meio de um enorme tori (portal sagrado do xintoísmo) como se estivesse entrando em um gol.

Não é preciso nem dizer que as imagens aqui descritas são um acumulado de clichês nada imaginativos, mas é exatamente por isso que são tão reveladoras a respeito das maneiras como o Japão é apresentado no assim chamado Ocidente. Deixando de lado a inexplicável e bizarra ausência de jogadores japoneses nesses vídeos, o que vemos é uma peculiar mistura de tradição (sumô, gueixas, Monte Fuji, ícones budistas) e modernidade (trens-bala, cidades iluminadas por letreiros de neon, ciborgues), de mistério e tecnologia. O Japão é representado como um lugar alheio e enigmático que de alguma forma se apropriou (para depois transformar) dos elementos da modernidade que são tão familiares ao público ocidental. A ideia de mostrar um lutador de sumô e depois um trem de alta velocidade tem como intenção provocar um impacto no espectador. Mas qual seria a razão desse impacto?

O fato é que não são apenas as diferenças culturais que tornam o Japão tão intrigante, mas também o fato de ser ao mesmo tempo um país moderno, de tecnologia avançada, mas não Ocidental. Simplificando a questão, o Japão é apresentado como um lugar exótico porque tem uma rica história de tradições "orientais" e um presente estranhamente "ocidental", com uma modernidade que o público do Ocidente (ou, nesse caso, da BBC) não consegue deixar de ver como um domínio intrínseco e exclusivo de sua cultura.

Em outras palavras, a questão sobre o significado da modernidade em seu todo proporciona a um observador interessado no assunto mais uma razão para se voltar para o Japão, considerado o primeiro país moderno "não Ocidental" do planeta. E, de fato, a história do Japão contemporâneo, desde o fim de seu aparente isolamento internacional em meados do século XIX até os dias de hoje, é um testemunho singular do conflito de uma nação ao ter de lidar com os efeitos do contato com as potências ocidentais e a exposição às ideologias e tecnologias modernas. Durante esse período, a negociação foi a palavra-chave – tanto em termos políticos como intelectuais. A experiência japonesa nos proporciona um filtro fascinante para observar a infinidade de maneiras como as nações reagem aos complexos problemas culturais, intelectuais, sociais, políticos e científicos advindos da súbita (e indesejada) chegada de agentes estrangeiros – nesse caso específico, os navios de guerra norte-americanos.

Este livro não pretende ser uma fonte de referência sobre esse período tão estimulante e importante da história do

Japão. Em vez disso, compõe-se de uma série de questionamentos sobre o que de fato significa descrever o Japão como uma sociedade "moderna" e como esse conceito de "modernidade" foi encarado pelos habitantes do país em diferentes épocas. Ao longo do texto, muitas noções preconcebidas a respeito da história japonesa, como a afirmação bastante comum de que o país se fechou completamente para o mundo em seu longo período de isolamento, ou *sakoku* (que durou do século XVII ao XIX), e a ideia de que a abertura a outras culturas por si só foi o fator principal para a modernização do Japão, serão contestadas. Analisaremos também a relação entre a continuidade de certas tradições sociais e culturais e as mudanças inerentes a esse período, inclusive com a abordagem de temas como o desenlace catastrófico da Segunda Guerra Mundial no Pacífico, desafiando a noção de que o Japão do pós-guerra tenha vivido uma espécie de ruptura com suas próprias tradições.

1. Um santuário xintoísta.

Por fim, apesar de boa parte da discussão aqui presente se concentrar no papel das elites intelectuais e político-sociais nas transformações profundas ocorridas na sociedade japonesa no que diz respeito à modernidade, abrimos espaço também para observar as maneiras como essas mudanças foram recebidas pelo povo como um todo – não apenas como figura passiva à mercê das correntes históricas, mas também como agente ativo na construção de um novo e moderno país. Em certo sentido, essa tendência à autodeterminação é uma das principais (e mais problemáticas) características da modernidade.

Em outras palavras, este livro aborda as maneiras como o Japão abraçou a modernidade, mas também se vale da experiência japonesa para nos ajudar a reconsiderar o significado e as dimensões daquilo que chamamos de modernidade. Em vez de afirmarmos que *ocorreu* uma modernização no Japão, diremos que, com muito suor, sangue e neurônios, os japoneses construíram o país moderno e próspero que conhecemos hoje. Apesar de o conceito de modernidade em si continuar sendo motivo de controvérsia e contestação, o exemplo do Japão é bastante ilustrativo da necessidade de se levar em conta a diversidade cultural das diferentes nações ao se tentar compreender sua dimensão atual e seu contexto histórico. A modernidade e o modo de vida ocidental podem até ser termos relacionados, mas não são sinônimos.

O que é a "modernidade", afinal?

Existe uma noção muito comum (e equivocada) de que o "moderno" está relacionado ao aspecto temporal, ou seja, refere-se a um período próximo ao presente. Apesar de ser uma acepção aceitável na linguagem do dia a dia, é muito mais interessante considerá-lo a partir de um ponto de vista mais técnico e formal. Nesse contexto, o termo "moderno" se refere a um elenco mais ou menos específico de normas e práticas intelectuais, sociais, políticas e científicas. Identificando o moderno como um conjunto de princípios relacionados, e não apenas como um determinado período, podemos detectar sua presença em diferentes épocas e contextos nacionais ou culturais: a Europa se modernizou antes do Japão, por exemplo? O Japão se modernizou antes da Rússia? Em caso positivo, por quê? Além disso, podemos também fazer questionamentos reveladores a respeito do presente: o Japão é moderno? Caso seja, como explicar o fato de ser tão diferente, digamos, da Grã-Bretanha? Reformulando a mesma pergunta em outros termos: quais são os elementos essenciais para a modernidade, e quais deles podem variar de cultura para cultura? E, por fim, caso a modernidade possa ser abordada dessa forma, isso torna possível identificar situações que de certa forma seriam "pós-modernas"? A modernidade já teria ficado no passado em determinados lugares, não fazendo mais parte da realidade do presente? Existem localidades em que ela continuará existindo no futuro?

Essa abordagem dá margem a alguns perigosos questionamentos éticos: se a modernidade significa um estágio avançado de desenvolvimento, como não *julgar* (coisa que devemos evitar tanto quanto possível) o desenvolvimento das demais nações de acordo com seus padrões? Em outras palavras, a ideia de modernidade esconde em si um conceito linear de progresso histórico que encontra seu ápice nos ideais hoje vigentes na Europa e na América do Norte? Como veremos no capítulo 3, essas questões ocupam lugar de destaque na agenda dos intelectuais japoneses desde a década de 1940, como parte de sua busca por "superar a modernidade". Essa vontade de superação do moderno tem uma relação complexa com o projeto imperialista que o Japão desejava impor sobre a Ásia. Já no período do pós-guerra, uma das principais preocupações dos japoneses e asiáticos em geral passou a ser "dizer não" aos Estados Unidos.

Considerando a importância que o conceito de "modernidade" parece ter, o que pode ser dito sobre seu significado e conteúdo? Infelizmente, ainda não existe um consenso a respeito das dimensões exatas do moderno, embora a maioria dos estudiosos concorde quanto aos sintomas que podemos usar para diagnosticar sua presença. Uma sociedade pode ser considerada moderna, por exemplo, se apresenta altos níveis de industrialização e urbanização. Um sistema econômico pode ser descrito como moderno se estiver organizado de acordo com os princípios do capitalismo. Já um sistema político precisaria ser ordenado em torno da ideia de um Estado central fincado em uma noção de nacionalidade e dotado de um sistema representativo de governo (uma democracia, talvez) que se oriente pela vontade do povo. Esse sistema político se baseia em uma certa "consciência moderna" que leva em conta a dignidade dos indivíduos e seus direitos inalienáveis. Ele pressupõe um certo nível de erudição e acesso à informação (por meio da educação pública), que permite ao povo tomar decisões racionais de acordo com seus melhores interesses. Essa ênfase na racionalidade é fundamental: a era moderna se caracteriza pelo uso da razão em vez da superstição (ou religião) e pelo desenvolvimento da ciência e da tecnologia – em suma, a mecanização da sociedade. O homem moderno dispõe de tecnologia suficiente para modificar a natureza, seja com o lançamento de armas de destruição em massa, seja com a salvação de milhares de vidas por meio da medicina. Máquinas industriais encurtam distâncias e proporcionam as condições para uma sociedade realmente global: a locomotiva a vapor é o arauto dos tempos modernos.

Muitas dessas características parecem ter origem no Iluminismo europeu do século XVIII, e não por coincidência muitos analistas localizam ali a gênese da modernidade. Em particular, o conceito de moderno parece compartilhar com o Iluminismo a fé no progresso e a aspiração por preceitos universais. No entanto, é importante lembrar que existe uma diferença entre localizar na Europa a origem de um conjunto de ideias e afirmar que essas ideias por algum motivo sejam *intrinsecamente* europeias. Na verdade, uma afirmação como essa iria contra a própria aspiração universal do Iluminismo. Ainda assim, tanto os defensores como os opositores da expansão em escala global da modernidade, dentro e fora da Europa, costumam cair nesse erro. Nesse sentido, seria mais interessante encarar a modernidade como uma entre várias respostas possíveis a um *mundo* impulsionado pela indústria do capitalismo.

Como veremos mais adiante, a história do Japão moderno revela uma grande variedade de posições em relação a essa importante questão política, que vai da rejeição dos elementos modernos para evitar uma ocidentalização, passando por um desejo de manter as tradições japonesas e ao mesmo tempo adotar os aspectos "menos impregnados de valores" do racionalismo moderno, até chegar à defesa do abandono completo da cultura japonesa com base na ideia de que apenas se ocidentalizando o país poderia se tornar verdadeiramente moderno. Em certo sentido, essa preocupação com a identidade e com o lugar da tradição na sociedade contemporânea é um dos principais aspectos da era moderna, não apenas no Japão como em todas as partes. A era moderna não é caracterizada apenas pelos grandes avanços científicos – é marcada também pela anomia social e a inquietação política.

Para muitos, é justamente essa interação dinâmica entre o tradicional e o moderno que torna o processo de modernização tão interessante e ao mesmo tempo exasperante. Em certos aspectos, a modernidade é compreendida como o oposto de tradição – a superação dos meios de vida tradicionais (ou seja, "irracionais"). No entanto, seria um argumento um tanto radical afirmar que a era moderna deveria abandonar as tradições como um todo – George Orwell fez um célebre retrato de um resultado provável de tal modo de pensar em seu romance *1984*. Em outras palavras, a era moderna não deveria testemunhar o fim da diversidade cultural, e sim transformar a relação das pessoas com suas tradições: estas deveriam ser reconhecidas como *tradições*, e não como *verdades*.

Ainda assim, o caminho da negociação de uma relação saudável e estável entre o tradicional e o moderno é cheio de percalços, já que não existe um padrão de modernidade não associado a uma cultura em relação ao qual medir o próprio sucesso. Quer gostemos ou não, a maioria dos analistas tende a recorrer ao legado do Iluminismo europeu como parâmetro, e é nesse momento que incorremos no perigo do imperialismo. Portanto, uma das preocupações fundamentais de nossos tempos é aprender a identificar a modernidade quando nos deparamos com ela, mesmo que pareça algo diferente de nossa experiência, sob o risco de julgarmos toda e qualquer diferença cultural como um sinal de resistência ao moderno.

A estrutura deste livro

Este livro é organizado de maneira mais ou menos cronológica. O capítulo 1 trata da confrontação simultânea do Japão com o mundo ocidental – com a chegada do comodoro norte-americano Matthew C. Perry em 1853, com o intuito de abrir um país "isolacionista" para o comércio internacional – e com as correntes de ideias e forças sociais modernas que já vinham se desenvolvendo internamente durante o período Tokugawa: o moderno e o ocidental se sobrepõem nesse caso, mas não são a mesma coisa. O Japão já tinha dentro de seu próprio território uma modernidade emergente. Esse capítulo aborda uma parte fundamental, mas frequentemente subestimada, da história do Japão moderno: a continuidade em relação ao passado.

O capítulo 2 dá um salto para o período Meiji e mostra os esforços dos japoneses para transformar seu país em uma nação moderna e imperialista na segunda metade do século XIX. Nessa época, muitas vezes descrita como o Iluminismo japonês, o Japão abraçou com entusiasmo a modernidade e seus elementos. Já o capítulo 3 trata do início do século XX e da ascensão do Japão como a grande potência imperial da Ásia, derrotando a China (1895) e a Rússia (1905) para formar um vasto império depois da chamada Grande Guerra da Ásia Oriental. O capítulo se concentra especialmente na maneira como o projeto imperial foi impulsionado (e ao mesmo tempo contestado) pelo desenvolvimento de ideais políticos e empreendimentos industriais modernos. Uma das principais características dessa época foi a forma como certos intelectuais e políticos influentes tentaram definir as guerras em que o Japão se envolvia como tentativas de superar a modernidade.

O capítulo 4 tem como foco o fim da Segunda Guerra Mundial, a ocupação do país pelos Aliados e o rápido desenvolvimento econômico do Japão no pós-guerra. Nele são discutidas as diversas reformas sociais e políticas ocorridas na época, com destaque para as maneiras encontradas pela cultura e sociedade japonesas para dar um sentido a sua nova realidade, talvez em busca inclusive de uma identidade pós-moderna.

O capítulo 5 é uma discussão sobre a identidade e o papel do Japão no mundo pós-Guerra Fria, com ênfase na questão crucial da capacidade e da disposição do Japão em acertar as contas com seu passado imperial e com a vitimização imposta pela derrota na Segunda Guerra

Mundial. Trata-se de questões ainda pulsantes no Japão contemporâneo em sua busca pela "normalidade" no contexto internacional.

Por fim, o epílogo discorre sobre o significado de viver no Japão no início do século XXI.

2. Mapa do Japão.

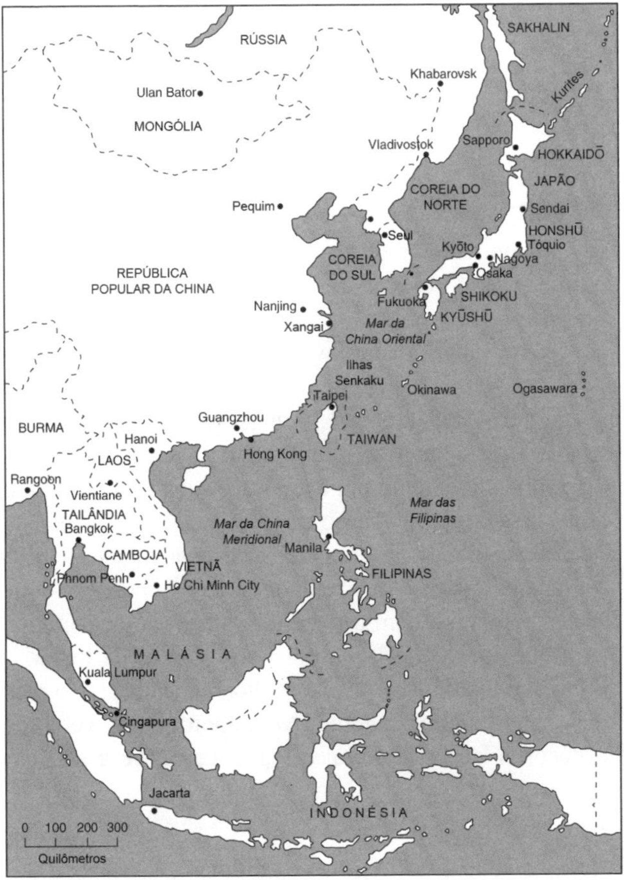

3. Mapa da Ásia Oriental.

Capítulo 1

O encontro do Japão com o mundo moderno

À primeira vista, as origens do Japão moderno parecem coincidir, com toda a conveniência, com o dramático desembarque do comodoro norte-americano Matthew C. Perry no país, em 1853. Antes de sua chegada, o Japão era visto como uma monarquia feudal escondida do mundo por conta de um isolamento autoimposto 250 anos antes; em um período de apenas 50 anos depois de sua visita, o Japão foi submetido literalmente a uma revolução, transformando-se em uma economia industrial moderna, comandada por um governo constitucional com ambições imperialistas. Para muitos analistas, essa transformação absurdamente rápida ocorreu por conta do choque provocado pelo contato com o poderio e a tecnologia superior das nações ocidentais. Segundo essa versão da história, Perry decretou o fim do Japão tradicional e obrigou o país a entrar no mundo moderno. No entanto, como veremos no decorrer deste capítulo, a realidade não é assim tão simples.

A chegada de Perry

Depois da anexação do Texas em 1845, da guerra contra o México e, por fim, da incorporação da Califórnia em setembro de 1850, durante a chamada "corrida do ouro", os Estados Unidos seguiam se expandindo para oeste em marcha acelerada. As ambições imperialistas dos norte-americanos, além de seu desejo de competir com a Grã-Bretanha por lucrativas oportunidades de negócios na Ásia, fizeram com que fossem para ainda mais longe, para o outro lado do oceano Pacífico, para o Japão. Nesse contexto, a chegada do comodoro Matthew C. Perry com seus célebres "barcos negros", em julho de 1853, pareceu apenas um caminho natural a seguir dentro desse processo.

Perry era famoso nos círculos navais por ser um defensor apaixonado da modernização, um amante dos navios a vapor; antes mesmo de sua primeira viagem ao Japão com o *USS Mississippi*, ele já tinha o epíteto de "o pai da marinha a vapor". Portanto, não era gratuita a presença dos quatro navios a vapor que intimidaram as autoridades do governo japonês na Baía de Uraga (perto de Edo, a atual Tóquio) a ponto de estas tomarem a medida inédita de permitir que Perry desembarcasse e pisasse em terra firme para entregar uma carta do presidente dos Estados Unidos, Millard Fillmore. Até aquele dia, a política oficial de isolacionismo (*sakoku*) determinava que os estrangeiros estavam proibidos de entrar nas principais ilhas do Japão – desde 1641, apenas um seleto grupo de mercadores holandeses havia recebido permissão para ficar na ilhota artificial de Deshima, perto de Nagasaki. A carta continha uma série de exigências para a abertura comercial do mercado japonês, e Perry deixou Uraga com a ameaçadora promessa de voltar no ano seguinte com uma força naval ainda mais poderosa, disposto a abrir caminho à força caso fosse preciso.

Na verdade, os norte-americanos não foram os primeiros a aparecer por lá com esse tipo de proposta: navios europeus já vinham tentando forçar a abertura do Japão fazia pelo menos cinquenta anos. As embarcações russas rondavam a ilha de Hokkaido, ao norte do país, desde 1792. Depois de se estabelecerem na China com bases sólidas, os britânicos navegaram até a Baía de Uraga em 1818 para uma tentativa não muito convicta de estabelecer relações comerciais, mas seus avanços foram rechaçados. Em 1825, a preocupação do governo estabelecido pelo xogunato, ou *bakufu*, com a presença de embarcações estrangeiras no país era tamanha que foi emitida uma ordem aos comandantes militares da costa para expulsá-las à força caso fosse necessário, e em 1837 um navio mercante norte-americano chegou a ser bombardeado. Durante os primeiros cinquenta anos do século XIX, o *bakufu* de fato acreditou que seria capaz de manter os ocidentais à distância. Foi apenas em 1844, quando um emissário do rei holandês Guilherme III tentou explicar que o mundo havia mudado bastante desde a expulsão dos europeus, no século XVII, que o *bakufu* começou a repensar seu lugar no mundo. As vitórias massacrantes dos britânicos sobre os chineses nas chamadas Guerras do Ópio em 1842 pareciam ser um argumento dos mais convincentes. Se os britânicos eram capazes de humilhar um colosso como a China de forma tão contundente, como uma nação menor e periférica como o Japão poderia escapar de um destino semelhante? Para evitar uma retaliação militar mais severa das potências ocidentais, o *bakufu* logo voltou atrás em sua ordem de abrir fogo contra embarcações estrangeiras. Foi nesse contexto que Perry visitou pela primeira vez a Baía de Uraga.

Em fevereiro de 1854, quando voltou com nove navios, encontrou um governo disposto a assinar o Tratado de Kanagawa (31 de março de 1854). Esse tratado abriu os portos de Shimoda e Hakodate, além de proporcionar o estabelecimento do primeiro cônsul norte-americano em território japonês – Townsend Harris assumiu o posto em Shimoda em julho de 1856. O Tratado de Kanagawa abriu a porteira, e em pouco tempo as potências imperiais europeias conseguiram acordos similares: França, Grã-Bretanha, Holanda e Rússia estabeleceram novos tratados com os japoneses assim que Perry foi embora.

Em 1858, o chamado regime dos Tratados Desiguais já estava firmemente em vigor: sem que um tiro fosse disparado, o Japão se viu na mesma situação que a China depois das Guerras do Ópio (com a notável exceção de que as potências ocidentais concordaram em manter a proibição do comércio de ópio no Japão). O Japão perdeu o controle sobre suas tarifas alfandegárias, abriu suas fronteiras ao comércio com o Ocidente e chegou inclusive a garantir o privilégio da extraterritorialidade às potências ocidentais (o que significava que seus representantes estavam dispensados de cumprir as leis japonesas inclusive dentro do território do país). No entanto, em vez de justificadas por uma derrota militar, essas medidas foram impostas ao Japão com base na ideia de que o país não era um membro de primeira classe da sociedade internacional – não se tratava de uma nação moderna e industrializada com um governo constitucional estabelecido. Como veremos, essa humilhação foi uma motivação poderosa a impulsionar o desenvolvimento de um forte senso de nacionalismo no final do século XIX no Japão, além de atuar como um fator determinante para propelir a revolução que viria. O Japão pretendia acabar com os Tratados Desiguais a qualquer custo.

É importante assinalar que seria um exagero afirmar que essas humilhações destruíram um senso articulado de orgulho nacional existente no Japão à época, já que até meados do século XIX o país era um território relativamente fragmentado, dividido e não centralizado, organizado com base em acordos de lealdade, dependência militar e unidade religiosa. Na verdade, em certo sentido, a afronta imposta pelos Tratados Desiguais foi fundamental no processo de criação da consciência nacional do Japão no sentido moderno do termo.

Mas a importância da demonstração de poderio industrial e modernidade representada pela frota de Perry não deve ser subestimada. Em pouco tempo, a imagem dos "barcos negros" se tornou icônica no Japão, um exemplo tanto da ameaça do poderio ocidental como do perigo da destruição das tradições japonesas pela superioridade tecnológica e cultural da modernidade. Uma das histórias que circularam a respeito do retorno de Perry ao Japão em 1854 ilustra muito bem essa questão: relatos da época dão conta de que as autoridades japonesas organizaram um torneio de sumô para os oficiais norte-americanos, em uma suposta tentativa de intimidar os estrangeiros com uma demonstração da força e do espírito marcial dos guerreiros japoneses. A delegação norte-americana, entretanto, não teria ficado nada impressionada com o espetáculo; muito pelo contrário, considerou-o risível. Os norte-americanos, por sua vez, montaram um círculo de cem metros de trilhos com uma réplica em menor escala de uma locomotiva a vapor para as autoridades japonesas. Uma prova do impacto aterrador da tecnologia industrial foi o fato de esse trem em miniatura ter produzido um efeito muito mais intimidador do que a demonstração primitiva de força de uma luta de sumô.

Perry provavelmente tinha uma noção bem clara da reação que seus navios a vapor e sua pequena locomotiva iriam causar. Antes de embarcar em sua missão, o comodoro estudou boa parte da literatura disponível na época sobre o Japão do período Tokugawa, e acredita-se inclusive que tenha consultado o famoso japonólogo Philipp Franz von Siebold, que viveu no enclave holandês de Deshima durante oito anos antes de voltar para Leiden, nos Países Baixos. Ainda assim, as informações sobre o país eram escassas. Apenas alguns poucos ocidentais tinham relatos de primeira mão a fazer sobre o Japão, e mesmo estes (como o próprio Siebold) enfrentavam limitações severas em sua exposição ao verdadeiro contexto político e social daquela terra desconhecida. O que predominava eram os relatos de um certo "Oriente místico". Os textos ocidentais do início do século XIX descreviam

4. Chegada do navio a vapor do comodoro Perry à Baía de Uraga representada em xilogravura.

o Japão como um reino feudal, intocado pelas mãos da indústria e da modernidade. Muitas narrativas fazem menções elogiosas ao país em comparação aos outros "povos bárbaros" encontrados pelos imperialistas na Ásia e na África: os japoneses eram aparentemente cultos, limpos e educadíssimos. Townsend Harris, por exemplo, descreveu o Japão como a representação perfeita de uma era de ouro de simplicidade e honestidade.

As informações obtidas por Perry eram equivocadas em diversos sentidos. Por exemplo, ele sabia que o Japão era uma nação liderada por um imperador (normalmente referido como "Mikado" no Ocidente à época), mas não tinha noção da diferença entre a corte do imperador e o *bakufu* estabelecido pelos xoguns. Perry deixou o Japão em 1854 acreditando ter estabelecido um tratado com representantes do imperador, quando na verdade tinha sido recebido pelo *bakufu*. Era uma diferença significativa, que teve sérias repercussões no curso da história da modernização do Japão; a instituição do *bakufu* era uma das principais características da ordem política do período Tokugawa, e o que diferenciava a experiência japonesa dos tipos de monarquias feudais que marcaram a história europeia. Mesmo perto do fim da década de 1850, o cônsul geral norte-americano ainda insistia em se referir ao xogum como "sua majestade, o imperador do Japão".

Se até mesmo Perry não tinha uma noção clara de algo tão fundamental quanto a identidade do soberano do Japão, o que dizer a respeito de fontes menos informadas? Em outras palavras, o Japão que Perry encontrou na década de 1850 estava mesmo tão distante da modernidade quanto ele imaginava?

A unificação do Japão e o estabelecimento da Pax Tokugawa

A maioria das instituições que caracterizavam o Japão de meados do século XIX havia sido estabelecida no início do século XVII pelos fundadores do regime Tokugawa, que emprestaram seu nome a esse período da história do país: Tokugawa Ieyasu, que unificou o Japão depois da épica batalha de Sekigahara, em 1600; e seu neto, Tokugawa Iemitsu, que reinou como xogum entre 1623 e 1651.

A Pax Tokugawa sucedeu a um longo e sangrento período de conflitos internos chamado *sengoku-jidai* (época do país em guerra), que teve início com a Guerra de Ônin (1476-1477), quando a antiga capital Kyoto foi saqueada, e continuou até a unificação e pacificação do Japão pelos "três unificadores", Oda Nobunaga, Toyotomi Hideyoshi e por fim Tokugawa Ieyasu, que estabeleceu como sede de seu governo a cidade de Edo (atual Tóquio) nos primeiros anos do século XVII. Durante esses séculos de conflito armado quase constante, o Japão testemunhou a ascensão da classe dos guerreiros samurais e seus senhores, os daimiôs, além da agitação causada pelos monges guerreiros de vários templos budistas.

O processo sangrento de unificação começou com a implacável marcha de Oda Nobunaga a partir de sua província natal de Owari (perto da atual Nagoya). Nobunaga costuma ser retratado pelos historiadores como um sujeito cruel e egoísta, e de fato é verdade que ele massacrou violentamente os vilarejos vizinhos e destruiu inúmeros templos budistas, queimando suas valiosas bibliotecas e assassinando os monges e seus seguidores.

No entanto, seria um erro referir-se a Nobunaga apenas como um tirano sanguinário. Foi ele quem estabeleceu um padrão relativamente permissivo de regiões semiautônomas em um regime feudal com mecanismos burocráticos e semicentralizados de taxações que ditaram o tom da política do país por dois séculos e meio. Além disso, começou o processo de desarmamento dos camponeses e a consequente institucionalização da divisão política e social entre a classe dos samurais e o restante da população. Seu sucessor, Toyotomi Hideyoshi, daria sequência a esse movimento com a promoção de uma "caça às espadas" em toda a nação em 1588. No início do século XVII, tornou-se proibido portar armas para quem não fosse um membro da classe dos samurais; foi quando carregar duas espadas se tornou um privilégio distintivo da elite dos samurais.

Em uma manobra sem precedentes, Nobunaga rejeitou o título de xogum, que era concedido pelo imperador desde que Minamoto Yoritomo o recebeu em 1192, inaugurando o *bakufu* de Kamakura. Ao tomar essa atitude, Nobunaga tinha como intenção demonstrar que não era subordinado ao imperador de Kyoto (ou seja, que ele não era o "generalíssimo que submetia os bárbaros ao domínio do imperador"), e sim o soberano do território japonês (ou *tenka* – os domínios abaixo do reino celestial), sem a necessidade da mediação da casa imperial. Em outras palavras, Nobunaga queria que o Japão reconhecesse seu direito de governar o país com base em um conceito de *realpolitik* (ou seja, na ideia de que o *poder* que ele exercia deveria ser suficiente para *legitimar* seu governo), e não se valendo de algum endosso de ordem religiosa ou mística concedido pela relativamente inócua corte imperial. Não demorou muito, entretanto, para que essa atitude radical fosse abandonada pelos sucessores de Nobunaga: Tokugawa Ieyasu aceitou o título de xogum concedido pelo imperador em 1603 como uma forma de obter estabilidade e legitimação para seu regime. No fim, a Pax Tokugawa só se tornou possível graças à sanção imperial.

O sucessor de Nobunaga, Toyotomi Hideyoshi, era um líder natural que surgiu entre seus homens e estava a seu serviço desde 1557. Apesar de não ser membro da aristocracia, Hideyoshi se tornou uma figura proeminente graças a seu enorme brilhantismo em termos de estratégia e consolidou as conquistas de Nobunaga costurando um intrincado sistema de alianças. Já em meados dos anos 1590, Hideyoshi se tornou o chefe indiscutível de uma federação de daimiôs de alcance nacional, obtendo a lealdade de cada um deles com base em relações de gratidão, dívida e medo. Ele administrava o reino com a ajuda de seus homens de confiança, que mantinham sob vigilância cerrada a federação e seus muitos comandantes militares. No entanto, o sucesso dessa inédita pirâmide de alianças ameaçava ruir sobre si mesmo, já que uma de suas premissas era a distribuição de recompensas e punições durante o período de guerra. Hideyoshi temia que o advento da paz causasse o colapso de seu sistema baseado em lealdades: na ausência de espólios de guerra para seus seguidores, o que garantiria sua legitimidade? Ao contrário de Nobunaga, Hideyoshi cortejou o imperador para obter o título de xogum, mas suas tentativas foram rechaçadas.

Em uma última tentativa, Hideyoshi propôs ao xogum deposto Ashikaga Yoshiaki (que manteve o título mesmo depois de ser expulso de sua corte por Nobunaga) que o adotasse, para que pudesse herdar seu título. Yoshiaki também o rechaçou. No fim, Hideyoshi acabou recebendo o título de *kampaku* (conselheiro do imperador depois de adulto), que pertencia originalmente à família Fujiwara.

Como podemos ver, Hideyoshi acabou envolvido em uma delicada disputa política entre *poder* e *autoridade* que se estendia por séculos entre os líderes militares japoneses e a corte imperial. Os problemas inerentes a esse arranjo político persistiriam de forma latente durante todo o período Tokugawa e ressurgiriam de forma violenta nos eventos que se seguiram após a chegada do comodoro Perry, no século XIX. Em certo sentido, como veremos posteriormente, essa dinâmica pode ser percebida também ao longo da Guerra do Pacífico, na primeira metade do século XX. No Japão contemporâneo, o papel e o status do imperador estão previstos de maneira clara na constituição do pós-guerra, e sua instituição ainda é vista com grande prestígio (trata-se do último imperador existente no planeta), dispondo de uma autoridade simbólica sobre a legitimidade do governo do país (que de fato detém a soberania sobre o povo).

Sem poder desfrutar do simbolismo e da estabilidade proporcionada pela sanção imperial, Hideyoshi tentou mobilizar o espírito coletivo do Japão promovendo invasões à Coreia em 1592 e 1597. É importante ressaltar que essas invasões não eram como as guerras modernas entre nações que sacudiram a Europa depois da Revolução Francesa, e sim uma espécie de cruzadas empreendidas por samurais que tinham como objetivo unicamente o lucro: não havia um exército nacional japonês constituído, e a imensa maioria da população tinha sido desarmada durante a "caça às espadas". Hideyoshi percebeu que a lealdade de alguns dos daimiôs e seus samurais dependia de um fluxo constante de espólios de guerra. Essas invasões, entretanto, foram um desastre. Em vez de reafirmar sua posição, as incursões fracassadas minaram sua posição de general invencível, abrindo caminho para a ascensão de Tokugawa Ieyasu. Apesar de seu fracasso, as invasões comandadas por Hideyoshi reforçaram a tendência por parte dos estados emergentes de tentar redirecionar os descontentamentos internos para além de suas fronteiras. No caso da Japão, esse comportamento será visto de novo na virada do século XX, e o primeiro alvo de seu expansionismo foi como sempre a Coreia.

A preocupação de Hideyoshi com os estrangeiros se revelou também no tratamento dado aos missionários jesuítas que iniciaram sua atividade de proselitismo em Kyushu, em meados do século XVI. Se por um lado Nobunaga se mostrou relativamente tolerante com os cristãos, talvez em virtude de sua aversão aos templos budistas e sua afronta à importância religiosa do imperador, Hideyoshi considerava a presença desses europeus algo suspeito e ameaçador, principalmente depois da conquista das Filipinas pelos espanhóis. Em 1597, Hideyoshi voltou sua ira para os jesuítas, crucificando um grande número de missionários e japoneses convertidos antes de expulsar oficialmente os cristãos do Japão, em 1598. Essa medida foi uma das precursoras do famoso *sakoku-rei* (o decreto do país fechado), de 1635, que permaneceu em vigor até a chegada de Perry. O decreto denunciava o catolicismo como uma ideologia perigosa e subversiva, que, portanto, estava banida. O édito também proibia os japoneses de deixar o país e tornava ilegal o contato com cidadãos de todas as potências europeias, com exceção dos holandeses (e apenas em seu pequeno enclave comercial na ilha artificial de Deshima, perto de Nagasaki). O decreto ainda restringia o contato dos japoneses com seus vizinhos, pelo menos em princípio (e muitas vezes na prática), limitando o comércio com a China às ilhas do Reino de Ryûkyû (atual Okinawa) e com a Coreia à minúscula ilha de Tsushima. Apesar de ser um exagero dizer que o *sakoku* isolou completamente o Japão do restante do mundo, é preciso admitir que o decreto reduziu tremendamente o fluxo de informações vindas da Europa no exato momento em que começou o Iluminismo, o ponto de partida para o desenvolvimento da ciência e da filosofia modernas.

Depois da morte de Hideyoshi, em 1598, seus apoiadores não foram capazes de manter a estabilidade política do país, já que o intrincado sistema de alianças que unificou o Japão fora tecido inteiramente em torno de sua figura. Como resultado, houve uma disputa ferrenha por sua sucessão. No fim, quem saiu vencedor foi Tokugawa Ieyasu, depois da épica batalha de Sekigahara, em 1600, que o pôs frente a frente, junto com seus aliados, com as forças ainda leais à família Toyotomi. Três anos depois de sua vitória, o imperador ofereceu a Ieyasu o título de xogum, e ele aceitou. Enquanto o imperador mantinha sua reclusão no palácio oficial de Kyoto, a capital do país, o *bakufu* de Tokugawa governou um Japão pacificado a partir de sua sede em Edo de 1603 a 1868. Uma vez concedida pelo imperador, a posição de xogum se tornava hereditária, e é por isso que essa era recebeu o nome da família Tokugawa (apesar de às vezes ser referida pelo nome de sua cidade-sede, Edo), e foi esse o governo que recebeu a visita do comodoro Perry em 1853 e 1854.

As características da Pax Tokugawa e a gênese da modernidade

Os contornos sociais e políticos do regime Tokugawa foram estabelecidos em grande medida por Ieyasu e seu neto, Iemitsu. Em uma tentativa de reverter o estado de guerra em que o Japão esteve mergulhado durante séculos, os Tokugawa buscaram institucionalizar soluções para problemas políticos recorrentes, que na época eram em grande medida de natureza interpessoal e hierárquica: a relação entre o imperador e o xogum; a relação entre o xogum e os daimiôs; a relação entre os daimiôs e seus vassalos samurais; as relações entre os samurais e o restante da população; e consequentemente a relação entre a população do Japão e o xogum.

As soluções institucionais formuladas pelos Tokugawa são em geral agrupadas sob o rótulo *bakuhan taisei*, que na prática configurava uma estrutura política feudal que contemplava o *bakufu* (governo militar) e os *han* (domínios governados pelos daimiôs) em um único *taisei* (sistema). O fato de esse sistema ser verdadeiramente feudal, entretanto, permanece em discussão até hoje. Uma das principais questões nesse debate, a qual tem desdobramentos na era moderna, diz respeito à dinâmica entre o imperador e o xogum: não é comum em um sistema feudal acomodar duas autoridades institucionais no topo da cadeia de comando – a autoridade imperial e o poder do xogunato. Essa tensão era uma fonte de instabilidade característica da história japonesa.

Ieyasu solucionou essa tensão de maneira bem prática: em vez de aceitar passivamente o fato de que a legitimidade do *bakufu* dependia de uma concessão da corte imperial (o que poderia ser entendido como uma condição de inferioridade de seu xogunato), Ieyasu deixou bem claro que a corte também dependia do *bakufu* para existir. Essa dependência ia muito além da atribuição original dos primeiros xoguns (que era pôr sua espada a serviço do imperador para a proteção do reino): nos primórdios da modernidade, a corte imperial corria o risco de empobrecer e entrar em colapso – ela precisava do apoio econômico dos Tokugawa até para a subsistência.

Ieyasu não pensou nem por um instante em deixar a corte imperial à míngua; em vez disso, ele a comprou e a pôs a seu serviço. Provendo a corte de recursos (e a deixando em Kyoto, bem longe da sede do novo governo em Edo), ele conseguiu manter o prestígio e status dela, mas por outro lado reforçou seu caráter simbólico, afastando ainda mais o poder imperial do verdadeiro centro de poder. Ao mesmo tempo, ele podia usar a sanção do imperador ao *bakufu* para garantir a própria legitimidade. Em troca desse apoio financeiro, a corte abriu mão de seus últimos resquícios de autoridade, inclusive seu poder de conceder honrarias imperiais. Em muitos aspectos, o regime Tokugawa transformou a casa imperial em uma espécie de monarquia constitucional moderna (embora o Japão só fosse ter uma constituição em 1868 e esta concedesse ao imperador muito mais poder do que ele exercera durante o regime Tokugawa).

Na verdade, Ieyasu não estava satisfeito com essa estrutura surpreendentemente moderna e tomou providências para garantir ao xogunato uma legitimidade religiosa e espiritual independente (e até conflitante) da estabelecida pela casa imperial. Ele ordenou a construção de templos religiosos nos arredores de Edo (incluindo um santuário próprio em Nikkô) que aos poucos foram ganhando um status equivalente ao dos santuários imperiais tradicionais, inclusive o grande santuário de Ise. Os dignatários imperiais eram obrigados a prestar seu respeito a esses santuários dos Tokugawa, sem exceções. Assim como Nobunaga, Ieyasu queria que seu *bakufu* tivesse supremacia sobre o *tenka* (os domínios abaixo do reino celestial) sem precisar da mediação da casa imperial. Além de relegar o imperador ao papel de uma ferramenta política, o regime Tokugawa ainda trabalhou o inconsciente coletivo de forma a tornar a figura imperial algo dispensável. Em certa medida, esses dois processos eram contraditórios, e a Pax Tokugawa nunca foi capaz de fazer com que a coletividade japonesa refutasse a ideia de um imperador; esse fracasso proporcionou uma condição importante para a viabilidade do clamor revolucionário que se espalhou pelo país no século XIX.

Depois de encontrar uma solução para a relação entre o imperador e o xogum, o problema seguinte dizia respeito à relação entre o xogum e os daimiôs. Em termos práticos, essa era a questão mais urgente e importante a ser resolvida após Sekigahara, já que qualquer sistema de governo que não conseguisse incorporar (e aplacar satisfatoriamente) os comandantes militares estaria condenado ao fracasso. Nesse sentido, Ieyasu adotou uma política de recompensas e punições, trazendo para perto de si e concedendo poder àqueles que demonstraram lealdade a ele em Sekigahara (os chamados *fudai daimyo*) e afastando e tomando o poder daqueles que se posicionaram contra ele (os *tozama daimyo*). Na prática, isso significou remover daimiôs de seus domínios tradicionais (cortando assim suas relações com as bases que constituíam seu poder), confiscar as terras de muitos senhores, entregar grandes extensões de terra à própria família Tokugawa e distribuir o restante a um pequeno grupo de daimiôs. O resultado foi um saldo restante de cerca de 180 daimiôs, que juraram lealdade aos Tokugawa. Esses daimiôs foram proibidos de estabelecer mais de um castelo por domínio, bem como de estabelecer alianças entre si; em termos formais (e muitas vezes práticos também), eles só se relacionavam uns com os outros através da instituição nacional do xogunato. Os *fudai daimyo* eram os senhores mais próximos de Edo e das terras dos Tokugawa, enquanto os *tozama daimyo* tendiam a se concentrar nas periferias, como as terras distantes de Satsuma e Chôshû.

Dessa maneira, Ieyasu conseguiu garantir sua proteção, mas ao custo de não poder monitorar de perto os daimiôs que mais se opunham a seu poder. Graças a uma infeliz combinação de fatores, esses eram os domínios mais expostos ao contato (e à abertura ao comércio) com as potências estrangeiras. Apesar de seus esforços, Hideyoshi não conseguiu expulsar todos os cristãos de Kyûshû, e o *sakoku-rei* de Iemitsu não foi capaz de romper todas as relações do país com o restante do mundo. Em meados do século XIX, Satsuma e Chôshû principalmente veriam sua importância crescer dentro do Japão em virtude de uma relativa abertura ao conhecimento que chegava de fora.

Na prática, esse processo de centralização era bastante frágil, o que em certa medida foi algo deliberado, para evitar maiores resistências, mas ao mesmo tempo produziu um nível de centralização típico de um Estado moderno, algo inimaginável no Japão da época. Os domínios regionais, porém, ainda detinham uma grande autonomia fiscal; embora os daimiôs fossem obrigados a contribuir com a execução de obras públicas e outros tipos de despesas, não havia um regime fiscal centralizado e organizado. Sendo assim, estabeleceu-se uma grande disparidade de riqueza entre diferentes regiões do reino. Por outro lado, o regime Tokugawa conseguiu impor um pesado (e estratégico) ônus financeiro a todos os daimiôs. No final da década de 1630, Tokugawa Iemitsu implementou o sistema *sankin kôtai* de "residência alternada", que obrigava todos os daimiôs do Japão a manter uma moradia em Edo além de sua residência em seus domínios. Os daimiôs eram obrigados a morar em Edo ano sim, ano não, e seus familiares mais próximos precisavam residir na cidade em caráter permanente. Apesar de as condições de vida serem boas, as famílias dos daimiôs na prática eram mantidas reféns em Edo.

O sistema *sankin kôtai* teve inúmeros efeitos sobre o desenvolvimento do Japão moderno. A princípio, a necessidade de manter duas residências, muitas vezes a uma grande distância uma da outra, combinada com a obrigação de se mudar de uma para a outra todo ano, provocava um desfalque constante nos cofres dos daimiôs, impedindo o aprofundamento de sua autonomia. Além disso, o fato de as famílias serem mantidas reféns desencorajava um ataque aos Tokugawa, mesmo quando houvesse condições para isso. A capacidade de gerar estabilidade de uma medida como essa não deve ser subestimada, principalmente nos primeiros anos do período Tokugawa, quando o legado de séculos de guerra ainda estava fresco na memória de alguns comandantes militares. No longo prazo, entretanto, o impacto financeiro dessa operação seria motivo de grande tensão política e social, que contribuiria para o declínio do regime Tokugawa antes mesmo da chegada de Perry.

Outra consequência importante do *sankin kôtai* foi ter ajudado no desenvolvimento de um sentimento de nação, algo talvez inédito entre os japoneses. Todos os daimiôs, independentemente de sua origem ou crença, eram forçados a passar metade do tempo em Edo – o que consolidou o status da cidade como a capital de fato do Japão (apesar de Kyoto ainda manter essa distinção em teoria). E o que os obrigava a isso era uma *lei nacional*. Portanto, o *sankin kôtai* não só fazia com que os daimiôs e seus colaboradores mais próximos reconhecessem a existência de uma unidade nacional organizada como também reforçava o fato de que essa autoridade central era a instituição secular do *bakufu*, e não a autoridade tradicional e sagrada da casa imperial. Além disso, passar metade do tempo longe de seus domínios fazia com que os daimiôs perdessem em grande medida a sintonia com suas bases locais de apoio. Os daimiôs – governantes em nível *regional* – aos poucos foram se tornando figuras *nacionais*.

Um efeito colateral relevante do sistema *sankin kôtai* foi ter criado rotas de transporte e possibilidades de transações comerciais em um país fragmentado. As viagens anuais dos daimiôs e seus criados incrementavam a economia das localidades por onde passavam, resultando no rápido crescimento de mercados locais e no desenvolvimento de um dos mais sofisticados sistemas de estradas do mundo. O mais espetacular desses casos foi o crescimento explosivo de Osaka à beira da famosa estrada Tôkaidô, que ligava Kyoto a Edo, além da construção da estrada Nakasendô, que atravessava os Alpes Japoneses. Na prática, o sistema *sankin kôtai* deu início ao desenvolvimento de uma economia nacional de mercado cujo crescimento no século XVII estabeleceu as bases para a modernização acelerada da economia do país no século XIX.

A mobilidade geográfica estimulada pelo sistema de residência alternada deu início também ao processo de urbanização do Japão. No final do século XVII, Edo era a maior cidade do planeta, com uma população de mais de um milhão de habitantes. Até hoje a cidade, agora com o nome de Tóquio, permanece sendo uma das maiores do mundo, com mais de 35 milhões de habitantes em sua região metropolitana. Cidades japonesas provincianas como Kyoto e Osaka tinham mais ou menos o tamanho de Londres ou Paris na época, com cerca de 350 mil moradores, e Osaka continua sendo o segundo maior centro urbano do Japão nos dias atuais. No total, cerca de 10% da população japonesa vivia em grandes cidades no Japão no final do século XVII, o que tornava o país um dos mais urbanizados do mundo. E não apenas isso: estimulada por uma recém-adquirida estabilidade social (ao fim de um grande período de guerra), pelo crescimento do mercado doméstico, pelas taxas de alfabetização cada vez mais altas e pelos avanços nas técnicas de agricultura, a população do Japão dobrou ao longo do século XVII, chegando a aproximadamente 33 milhões na virada do século XVIII. Como parâmetro de comparação, a população da Grã-Bretanha na época era de cerca de 5 milhões, e só chegaria aos 30 milhões na segunda metade do século XIX.

Esse nível de crescimento era insustentável no Japão, em parte porque o mercado interno local sofria a limitação severa dos poucos recursos naturais disponíveis no arquipélago, mas principalmente porque o *bakufu* mantinha o país fechado ao comércio com a Ásia continental. O resultado dessa escolha foi a estagnação econômica e demográfica, e o Japão registrou crescimento zero no último século do período Tokugawa. Portanto, quando da segunda chegada dos ocidentais, como parte do chamado segundo estágio da globalização, o Japão não dispunha de muita coisa além das sementes do capitalismo plantadas em seu território e, apesar de suas grandes realizações culturais e artísticas, na prática estava relegado ao ostracismo econômico em meados do século XIX. Na verdade, no século XVIII e no início do século XIX, o país foi vítima de grandes epidemias de fome e mortalidade infantil, além de uma crescente inquietação social: quando Perry entrou em cena, o Japão estava à beira da crise e da revolução. Já a Grã-Bretanha, na mesma época, viu sua população prosperar até alcançar a japonesa e sua economia industrial com aspirações imperialistas espalhar avidamente seus tentáculos por todo o planeta.

A noção arraigada da existência de um território nacional, e portanto um novo grau de mobilidade geográfica, não foi acompanhada por um aumento da mobilidade social no Japão do período Tokugawa. Na verdade, uma das características mais marcantes da sociedade da época foi o estabelecimento do chamado sistema *shi-nô-kô-shô* de estratificação social, que determinava o status e a função da vasta maioria da população, assim como suas relações com os daimiôs. Essa estrutura dividida em quatro partes contemplava os samurais (*shi*) no topo, seguidos pelos agricultores (*nô*) em termos de status, depois pelos artesãos (*kô*) e por fim pelos comerciantes (*shô*) na base da pirâmide. O lugar de cada um nesse sistema hierárquico era determinado no nascimento, e a mobilidade dentro dele era dificílima, para não dizer impossível. Esse sistema foi justificado em termos confucianos pelos ideólogos do regime Tokugawa, como o neoconfucianista Hayashi Razan.

Os princípios confucianos enfatizavam a importância da reverência e da lealdade e em particular da designação bem clara do papel de cada um na sociedade. Governante e governados mantinham uma relação natural e racional entre si, assim como o reino celestial guiava o reino terrestre, ou um pai mandava em seu filho, que por sua vez tinha um dever filial em relação ao pai. Essas relações eram vistas como partes inalienáveis da ordem natural e, portanto, não podiam ser desafiadas pela vontade do homem. No contexto do incipiente regime Tokugawa, esse apelo à estabilidade foi mais do que útil e ajudou a justificar a rigidez e a falta de mobilidade social do sistema *shi-nô-kô-shô*. Hayashi Razan em particular argumentava que a lealdade do povo deveria ser direcionada ao xogum (em vez de ao imperador, figura que ele procurava despolitizar), tornando-o de fato o pai da nação. Em outras palavras, o regime Tokugawa utilizava um modelo nacionalizado e racional de conscientização política – em comparação com o restante do mundo, o Japão era uma das sociedades mais "modernas" da época.

A chamada "ideologia Tokugawa" também se valia de elementos do budismo. Depois de Hideyoshi ter desmilitarizado um grande número de templos ao final do século XVI, Tokugawa Ieyasu e mais tarde Iemitsu aos poucos foram enquadrando o budismo dentro da ordem estabelecida, obrigando toda a população comum do país a frequentar um templo budista. A defesa do budismo por parte de Tokugawa foi, talvez de forma não intencional, uma maneira de minar a posição sagrada que o imperador ocupava dentro do xintoísmo, a religião nativa do Japão, cuja origem textual está no *Kojiki* (*c.* 712), de acordo com o qual o imperador é um descendente direto da deusa Sol, Amaterasu Omikami, e portanto deveria ser cultuado como uma divindade. Do ponto de vista da manutenção da ordem social, no entanto, o budismo (e em especial o zen-budismo) tinha ainda mais um papel a cumprir: graças à influência de pensadores como Suzuki Shôsan, princípios do estoicismo e da não discriminação promoviam a estabilidade e desencorajavam a dissidência e a oposição ao sistema *shi-nô-kô-shô*. O zen-budismo era bastante popular principalmente entre os samurais, que de uma hora para outra se viram desprovidos de atividades militares pela primeira vez em vários séculos. A associação do zen-budismo aos samurais, tão comum nos romances e filmes que vemos atualmente, na verdade se baseia na conversão dos guerreiros à religião que se deu depois do advento da paz; os samurais zen-budistas simplesmente não existiam durante o *sengoku-jidai*, quando o país estava em guerra.

Em meados do século XVIII, porém, o sistema social do regime Tokugawa começou a ser vitimado pelo próprio sucesso. A estabilidade passou a ganhar contornos de esterilidade, e foi preciso criar um contexto que incluísse e até mesmo encorajasse a ideia de *mobilidade* social. Com a economia estagnada, observadores mais atentos começaram a notar o aumento da pobreza tanto no campo como na cidade. As cidades estavam entregues à imundície, e a zona rural era assolada pela fome, apesar do trabalho cada vez mais pesado imposto aos agricultores (que representavam cerca de 80% da população). Enquanto isso, a classe emergente dos comerciantes ia se tornando mais próspera, apesar de estar relegada à base da pirâmide social. Ao mesmo tempo, os samurais, que no sistema do período Tokugawa se tornaram uma despesa desnecessária, foram perdendo pouco a pouco seu meio de sustento; apesar de estarem no topo da pirâmide social, eles não tinham mais a riqueza necessária para demonstrar isso. Para completar, sem que houvesse batalhas para mostrar seu valor (e seu tão professado estoicismo), os samurais começaram a perder o respeito do restante dos japoneses. Como o status de samurai era determinado com base na hereditariedade (compreendendo cerca de 6% da população) e não no mérito, os questionamentos em relação a sua competência bélica se espalharam rapidamente até o ponto em que a frase "a habilidade de um samurai" se tornou um insulto. Esse processo foi auxiliado ainda pela dubiedade da figura dos samurais, que desdenhavam dos valores mercantilizados das classes urbanas emergentes, mas eram dados às maiores ostentações no chamado *ukiyo* (mundo flutuante) – as prósperas zonas de meretrício das grandes cidades. Ironicamente, o patrocínio da vida ociosa dos samurais proporcionou um tremendo impulso ao desenvolvimento artístico do país: algumas das formas de arte mais conhecidas dos primórdios do Japão moderno têm origem nesse período, em especial os *ukiyo-e* (retratos do mundo flutuante) e o teatro *kabuki*, que tinha a dupla função de empregar atrizes e também cortesãs. Os habitantes do *ukiyo* tecnicamente não faziam parte do sistema *shi-nô-kô-shô*, pois exerciam atividades artísticas e comerciais que não se enquadravam facilmente nas categorias tradicionais. Esses distritos destinados ao prazer continuam sendo um oásis de diversão nas grandes cidades japonesas até hoje, e o culto a suas celebridades atualmente é mais intenso do que nunca.

Para alguns analistas contemporâneos, como o famoso cientista político Maruyama Masao, as circunstâncias difíceis vividas no século XVIII proporcionaram as bases sobre as quais se ergueria o Japão moderno. Maruyama e seus pares se valem principalmente da obra de Ogyû Sorai, um pioneiro dos chamados *kogaku* (estudos clássicos). Sorai representava um sério desafio aos ortodoxos neoconfucianistas, apesar de ele mesmo ser um confucianista. Ele não negava que os pilares da conduta e do pensamento se encontravam nos clássicos da China Antiga, mas afirmava que interpretar esses textos de maneira literal e estática era um equívoco. Seu argumento era que a função histórica dos grandes líderes era adequar e moldar a aplicação desses textos à prática cotidiana, com base no estudo profundo não só dos textos em si, mas também das circunstâncias do presente. Em outras palavras, segundo Sorai, um sistema político confuciano deveria ser dinâmico e adaptável às mudanças das demandas da sociedade, e se aferrar ao passado apenas pela manutenção de um modelo outrora estável era moralmente errado. Apesar de ser um equívoco sugerir que Sorai defendia a ideia de que o *bakufu* deveria se tornar um governo mais moderno e sensível aos direitos sociais e políticos da população japonesa, alguns historiadores afirmam que seus argumentos prepararam o terreno para que isso acontecesse na era moderna.

Um alvo em particular da crítica de Sorai era a insistência em práticas sociais que ele considerava anacrônicas, como a atitude arrogante dos samurais em relação à classe emergente dos comerciantes. Na verdade, o papel dos samurais na sociedade do período Tokugawa era uma questão premente, já que se tornava cada vez mais difícil justificar racionalmente sua existência. Um exemplo das inquietações que viriam depois de 1702 foi o chamado Incidente de Akô, também conhecido como a vingança dos 47 ronins (samurais sem mestre). Nessa famosa história, hoje uma lenda nacional japonesa, 47 samurais vingaram a morte de seu daimiô (o senhor de Akô) depois de ele ter sido forçado a cometer o *seppuku* (suicídio abrindo as próprias entranhas – também conhecido vulgarmente como *hara-kiri*, ou corte da barriga). Apesar de o regime Tokugawa ter proibido expressamente o assassinato por vingança, os samurais leais a seu senhor planejaram sua vingança por 22 meses, cientes de que seriam mortos mesmo que fossem bem-sucedidos em seu intento. No fim, os ronins executaram o plano e assassinaram o daimiô responsável pela morte de seu mestre. Depois disso, entregaram-se às autoridades e cometeram voluntariamente o *seppuku* como punição por seu crime.

Esse caso provocou uma grande controvérsia na época e continuou sendo parte integrante da identidade nacional japonesa mesmo no período moderno. Para Sorai, por mais honorável que fosse a conduta dos 47 ronins, suas ações revelaram uma noção anacrônica de lealdade ao daimiô, colocando-a acima das leis do país. Os 47 ronins eram ícones de uma era pré-nacional, uma demonstração do obstáculo que os valores tradicionais da classe dos samurais poderiam representar para a modernização do Japão. No entanto, para determinados setores da população (inclusive para vários outros samurais), a atitude desses ronins representava os ideais do *bushidô* (o caminho do guerreiro), uma prova de que os valores tradicionais da lealdade, do sacrifício, da resistência e da honra ainda continuavam em vigor no período da Pax Tokugawa. O Incidente de Akô logo se tornou um dos temas mais populares da cultura japonesa, inspirando os dramaturgos do *kabuki* e do *bunraku* e gerações de artistas até os dias de hoje. Talvez o maior dos dramaturgos japoneses, Chikamatsu escreveu a versão mais famosa desse drama, *Chûshingura*, e os grandes artistas do *ukiyo-e* produziram quadros baseados nesses fatos: Hiroshige, Hokusai, Kunisada e, obviamente, Kuniyoshi. Na cultura contemporânea, existem filmes, romances, mangás (histórias em quadrinhos), animes e até mesmo videogames que contam essa lenda, e os túmulos dos ronins se tornaram atrações turísticas bastante visitadas.

5. Ronins vestidos como policiais, retratando uma cena da peça *Chûshingura* (xilogravura, c. 1804-1812).

Em outras palavras, a tensão entre os valores sociais tradicionais e aqueles normalmente associados ao processo de modernização já era uma questão importante na sociedade do período Tokugawa no início do século XVIII. As imagens românticas dos samurais como servos estoicos e honoráveis dispostos a arriscar a própria vida por seus senhores se tornaram comuns na cultura popular, e não apenas para consumo das massas, mas também dos próprios guerreiros. Esses ideais, porém, estavam em agudo contraste com a experiência da vida real do Japão na época: a maioria dos samurais nunca tinha empunhado sua espada em combate; as vinganças estavam proibidas; a lealdade deveria ser dirigida ao xogum e ao *tenka*, e não aos senhores locais; os costumes dos samurais urbanos vinham se mostrando cada vez mais degradados, e os samurais das zonas rurais viam seu prestígio ser minado a cada dia. Para muitos, eles eram um fardo, e não um ícone da sociedade. Ironicamente, portanto, apesar de por um breve momento o Incidente de Akô ter ameaçado minar a ordem social vigente, na prática o que ele proporcionou foi um elemento importante na construção de uma consciência nacional moderna.

O *bakumatsu* e a Restauração Meiji

Portanto, quando da chegada do comodoro Perry, o Japão vivia um momento complicado e conflituoso. O país tinha muitas características de nação moderna, como um aparato estatal de abrangência nacional sob o controle secular do *bakufu* de Edo, que por sua vez se valia da autoridade religiosa da casa imperial de Kyoto para garantir parte de sua legitimidade. Depois de séculos de paz e relativa estabilidade, o Japão desenvolvera uma economia sofisticada em seu mercado doméstico, apesar de se manter à parte do restante da Ásia. A cultura nacional estava florescendo, principalmente em cidades grandes e bem organizadas como Edo e Osaka. Por outro lado, as bases econômicas e ideológicas do regime estavam ruindo, e as tensões sociais entre as classes só cresciam, graças ao rígido e anacrônico sistema de estratificação vigente. O *bakufu* também não tinha um esquema definido e organizado de cobrança de impostos, não era capaz de mobilizar uma força nacional e possuía apenas um controle limitado sobre as relações dos domínios semiautônomos com o restante do mundo. Em outras palavras, Perry se deparou com uma nação em vias de iniciar um processo de modernização que vinha sendo abortado ainda no nascedouro em nome da estabilidade social – um país à beira da revolução. Os historiadores deram a esse período entre 1853 e 1868 o nome de *bakumatsu* – o fim do xogunato.

A chegada de Perry serviu como um catalisador nessa mistura volátil, ocasionando uma série de eventos que por fim culminaram na queda do *bakufu* e na instauração do imperador como soberano de um estado moderno e constitucional. Depois de dois séculos zelando por sua supremacia política no Japão e relegando a corte imperial a um segundo plano simbólico, talvez os atos mais inexplicáveis nessa série de acontecimentos tenham partido do próprio *bakufu*: primeiro, depois da visita inicial de Perry em 1853, o conselheiro-chefe do *bakufu*, Abe Masahiro, tomou a inédita medida de consultar os daimiôs para decidir como reagir ao ultimato dos norte-americanos. A intenção pode até ter sido a construção de um consenso nacional, algo importante diante de uma ameaça externa, mas o efeito produzido foi transmitir a impressão de que o *bakufu* não tinha uma liderança à altura de um momento crítico como aquele. No fim, Abe foi forçado a renunciar. Não se chegou a um consenso, e uma poderosa facção de daimiôs contrários à presença estrangeira emergiu no cenário nacional, atribuindo ao imperador o papel de líder nacional apropriado a uma época de crise sem precedentes.

O segundo acontecimento foi ainda mais surpreendente: depois do retorno de Perry e da instalação de Townsend Harris como cônsul em Shimoda, a discussão se voltou para a aceitação ou não do acordo comercial com os norte-americanos. Nessa época, o xogum Tokugawa Iesada estava doente, à beira da morte, e a discussão sobre sua sucessão já pairava no ar. O sucessor de Abe, Hotta Masayoshi, teve dificuldade de negociar soluções diante desses problemas. Apoiado pelos daimiôs dos domínios *fudai*, Hotta estava disposto a aceitar o acordo proposto por Harris e tinha a intenção de nomear como xogum Tokugawa Iemochi, um menino de 12 anos, herdeiro do domínio de Kii, pertencente a um ramo da família Tokugawa. Para sua infelicidade, em virtude da aparente fraqueza do *bakufu* nessa época difícil, os daimiôs *tozama* (mais destacadamente o de Satsuma), junto com alguns domínios contrários à presença estrangeira (como Mito, que era comandado por outro ramo da família Tokugawa), opuseram-se a ele em ambos os casos, defendendo a rejeição do tratado e apontando como xogum Tokugawa Yoshinobu (filho do poderoso daimiô de Mito, Tokugawa Nariaki).

Diante dessas opiniões conflitantes, Hotta tomou a surpreendente atitude de viajar até Kyoto para pedir ao imperador Kômei que ratificasse o tratado proposto por Harris e sancionasse a escolha do *bakufu* para o xogunato. Pela primeira vez em séculos, o imperador foi envolvido em uma decisão política importante. Infelizmente para Hotta, o imperador se revelou contrário à presença dos estrangeiros e um apoiador de Tokugawa Yoshinobu; os cada vez mais pró-imperador daimiôs de Satsuma e Mito já tinham ido encher os ouvidos de Kômei. Humilhado, Hotta voltou a Edo, depois de minar ainda mais a legitimidade do *bakufu*, com uma ordem imperial que ia contra os desígnios do xogunato. Ele renunciou ao cargo.

Apesar dos esforços de Ii Naosuke, o sucessor de Hotta, o prejuízo à legitimidade do *bakufu* já estava consolidado, e não havia como voltar atrás. As ações de Ii no sentido contrário do desejo dos daimiôs mais radicais só serviram para afastar ainda mais as facções contrárias à presença estrangeira, empurrando-as para uma posição anti-*bakufu* e pró-imperador. Dois anos depois, um grupo de samurais de Mito assassinou Ii em plena Edo, e a partir desse momento o *bakufu*, sentindo-se acuado, passou a se opor cada vez menos às lideranças regionais. Em 1862, por exemplo, o xogum enfim revogou o *sankin kôtai* e requisitou que o dinheiro poupado pelos daimiôs fosse revertido para a defesa da nação, criando forças militares locais. Embora a intenção da medida fosse chegar a um meio-termo que agradasse a todos, o efeito na prática foi a descentralização do poder político de Edo com a retirada de um dos mais pesados ônus financeiros dos daimiôs e o estímulo à criação de milícias privadas por parte dos senhores de terras. O projeto de unidade nacional dos Tokugawa estava caindo por terra.

Na década de 1860, portanto, o *bakufu* estava sob três ameaças simultâneas. A primeira era o questionamento de seu poder pelos cada vez mais descontentes e ousados daimiôs *tozama*. A segunda era o risco real de uma rebelião por parte dos jovens samurais, ou *shishi* (homens com um propósito), que se declaravam "legalistas", partidários da causa de restabelecer o poder imperial no Japão, e acreditavam que o *bakufu* havia usurpado sem a menor legitimidade a posição do imperador. Em sua maioria, esses *shishi* se encontravam nos domínios *tozama*, principalmente em Satsuma e Chôshû, apesar de haver alguns deles em regiões mais centrais, como Mito. Sob a liderança de guerreiros com inclinações intelectuais como Yoshida Shôin (de Chôshû) e Sakamoto Ryôma (de Tosa), os *shishi* pregavam o lema *sonnô jôi* (reverencie o imperador e rechace os bárbaros) e tinham uma visão pragmática a respeito dos estrangeiros, pois viam na tecnologia ocidental um poder tecnológico suficiente para derrubar o *bakufu* e ainda enfrentar os forasteiros à altura. Já a terceira ameaça ao *bakufu* vinha de fora do Japão: a pressão exercida pelas potências estrangeiras. No entanto, em muitos sentidos, essa tensão externa na verdade era parte do contexto das outras duas ameaças, e não uma ameaça por si só.

Sob a influência da atmosfera de radicalismo estabelecida em Kyoto, o imperador Kômei assumiu pessoalmente a iniciativa de restabelecer a autoridade da casa imperial. Em 1862, ele solicitou ao xogum que, no papel de "generalíssimo que submetia os bárbaros ao domínio do imperador", expulsasse os ocidentais do Japão, estabelecendo como prazo final para isso o dia 25 de junho de 1863. O prazo se esgotou, e o *bakufu* não fez menção alguma de cumprir tal ordem. Em outras partes, porém, os "legalistas" anti-*bakufu* vinham mostrando suas garras. Os samurais de Chôshû, devidamente munidos de armas de fogo ocidentais, resolveram disparar contra um navio norte-americano atracado na costa. A retaliação foi imediata e violenta. Uma das consequências desse fato foi que o domínio de Chôshû se tornou um polo de atração para radicais e legalistas; no ano seguinte, eles formaram um exército e marcharam sobre Kyoto com a intenção de "libertar" o imperador do controle do *bakufu*.

Com a mediação do samurai de Tosa, Sakamoto Ryôma, os domínios *tozama* de Chôshû e Satsuma aos poucos foram percebendo que tinham muito em comum. Além de seus desentendimentos de longa data com os Tokugawa, eles ainda mantinham uma proporção de samurais incomumente alta entre sua população (mais de 25%), e a maioria desses guerreiros tinha inclinações "legalistas". Ambos os domínios também haviam se aproveitado do fato de serem distantes de Edo para buscar contato com o Ocidente e sua tecnologia moderna depois da chegada de Perry. Em meados da década de 1860, eles montaram exércitos modernos capazes de se igualar em tamanho às forças do *bakufu*. E, em uma atitude ainda mais progressista, guerreiros de Chôshû como Takashugi Shinsaku vinham treinando unidades militares compostas também de não samurais, desrespeitando um decreto de 250 anos sobre quem tinha permissão para portar armas. A milícia de Takashugi talvez tenha sido o primeiro exército moderno e "popular" do Japão.

Em 1866, Chôshû e Satsuma firmaram uma fatídica aliança secreta (e ilegal). Nesse mesmo ano, Tokugawa Iemochi morreu em virtude de problemas cardíacos, e o novo xogum, Tokugawa Yoshinobu, de Mito, decidiu lançar-se em uma campanha contra Chôshû como punição por seus desvios de conduta, com a intenção de que isso servisse de exemplo para os demais. Yoshinobu era também um modernizador, e o *bakufu* vinha recebendo ajuda constante dos Estados Unidos e da França para constituir um exército moderno. Apesar disso, quando as forças do *bakufu* se aproximaram de Chôshû, no sudoeste do país, receberam a recusa de Satsuma após um pedido de ajuda. Como resultado, o exército do *bakufu* foi derrotado pelo de Chôshû e forçado a bater em uma humilhante retirada, cruzando o país inteiro em fuga até chegar a Edo. Pela primeira vez em séculos, o *bakufu* se mostrou militarmente inapto a exercer seu poder sobre o reino; seu último resquício de legitimidade havia sido destruído. Nos meses seguintes, houve uma explosão de insatisfação social, e revoltas camponesas sacudiram o país enquanto o exército do *bakufu* voltava derrotado para casa, instigadas ainda pelos ventos de mudança anunciados pela morte do imperador Kômei, em 1867. O filho de Kômei, o imperador Meiji, assumiu o trono em fevereiro daquele ano.

Após a derrota do *bakufu*, o daimiô de Tosa tentou mais uma vez uma intermediação, convencendo o xogum Yoshinobu a admitir a necessidade de uma grande reforma política, com a criação de um parlamento no estilo prussiano e a restituição da soberania do imperador. Ao que tudo indicava, Yoshinobu era favorável a tais medidas. Entretanto, o tempo do *bakufu* já havia passado: os daimiôs de Satsuma e Chôshû estavam decididos a aproveitar a oportunidade de assumir o poder. Em dezembro de 1867, em uma manobra audaciosa, os dois domínios uniram forças, marcharam sobre Kyoto, ocuparam a cidade e tomaram o palácio imperial. Um mês depois, já tinham convencido o imperador Meiji a anunciar a restauração imperial, abolindo o *bakufu* por decreto em janeiro de 1868.

O xogum Yoshinobu se recusou a obedecer, e assim teve início uma batalha sangrenta conhecida como Guerra Boshin. Foi uma disputa vencida em questão de meses, já que o ataque de Yoshinobu a Kyoto foi facilmente repelido e ele foi obrigado a recuar de volta para Edo, que por sua vez caiu em abril de 1868, quando Katsu Kaishû, o lendário comandante do exército de Yoshinobu, entregou a cidade às forças imperiais sem esboçar resistência, ao que tudo indica por considerar que manter a unidade nacional e a paz era muito mais importante que preservar o *bakufu*. Assim se deu a Restauração Meiji: uma revolução moderna, com exércitos numerosos usando armas de fogo ocidentais, guiados pelos manuais de estratégia europeus.

Capítulo 2

Revolução imperial: em busca da modernidade

O imperador Meiji marchou triunfantemente da antiga capital Kyoto para Edo em 1868, e depois de um ano seu palácio temporário na cidade foi declarado o novo Palácio Imperial. Nesse momento, Edo se tornou oficialmente a capital do Japão – Tóquio, a Capital do Leste. Tanto para os insurgentes como para as forças leais ao *bakufu*, a Restauração Imperial foi dramática e sangrenta, e as expectativas de mudança na capital eram enormes. No entanto, para a grande maioria da população japonesa, a Restauração Meiji (caso tenha sido notada) não passou de uma rebelião dos samurais, ou então um golpe de Estado. E, de fato, o povo do Japão não via muitas razões para otimismo em relação a melhorias em suas condições de vida e tinha todo o direito de duvidar de que o drama vivido nas décadas anteriores não teria como consequência apenas uma redistribuição de poderes e privilégios entre a classe dos samurais.

No entanto, havia uma grande diferença entre as revoluções políticas dos séculos XVII e XIX, e durante a década seguinte o Japão viveu uma mudança de fato. Apesar de os eventos sangrentos de 1868 poderem ser considerados um movimento elitista, a Restauração Meiji se tornou uma revolução genuína entre 1868 e os primeiros anos da década de 1880: as condições de vida da sociedade japonesa sofreram uma transformação profunda em todos os níveis.

O teor dessas transformações foi estabelecido logo depois da mudança do imperador para Edo, quando foi promulgada a chamada Carta de Juramento (às vezes denominada Juramento de Cinco Artigos), na qual o governo (em nome do imperador) se comprometia a implementar cinco medidas radicais:

1) criar assembleias deliberativas com o intuito de envolver o público em geral no processo decisório;
2) estimular a participação de todos os níveis da sociedade nas questões de Estado, "do mais ilustre ao mais humilde";
3) permitir o acesso de todas as pessoas a todos os tipos de ocupações e funções, abolindo toda e qualquer restrição vigente;
4) abandonar as superstições do passado e adotar as leis racionais da natureza;
5) buscar conhecimento em todas as partes do mundo a fim de fortalecer o Japão.

Esses compromissos representavam o desmantelamento total do *bakuhan taisei* e a aparente adoção de princípios modernos de governança. Além das ambições imperialistas dos japoneses e de seu desejo de constituir uma nação poderosa, a adoção de um sistema político moderno era um dos objetivos mais explícitos das reformas a ser implementadas; o governo revolucionário tinha plena consciência de que a única maneira de libertar o Japão da humilhação dos Tratados Desiguais era a criação de um sistema político que as potências ocidentais fossem capazes de reconhecer e respeitar.

O novo governo fez diversas tentativas de revogar os tratados, mas foi repetidamente rechaçado pelas potências estrangeiras, que insistiam em afirmar que não abririam mão de seus privilégios enquanto o sistema legal e político do Japão não pudesse fornecer uma garantia suficientemente "moderna" de seus direitos. Nesse contexto, "moderno" e "civilizado" eram usados como sinônimos. Depois de muitos tumultos, protestos e reformas abrangentes, os tratados foram enfim renegociados na década de 1890. A essa altura, o Japão já possuía uma moeda nacional, um sistema de arrecadação de impostos, um poder legislativo bicameral e uma constituição que estabelecia os direitos e os deveres dos japoneses de acordo com a letra fria da lei. Além disso, em plena "Era dos Impérios", a identidade do Japão como uma potência imperialista em ascensão já se evidenciava: o novo regime anexou a ilha de Hokkaido, ao norte do país, em 1869, e o reino de Okinawa, ao sul, em 1879; uma invasão da Coreia estava planejada desde 1873; e, em 1895, seu exército recém-modernizado foi usado para derrotar sua poderosíssima vizinha, a China, na primeira grande guerra enfrentada pelo país no período moderno, que lhe rendeu o território de Taiwan como parte dos espólios. Em outras palavras, a partir dos anos 1890, o Japão se apresentou para o mundo como a primeira potência moderna da Ásia, sob o lema *fukoku kyôhei* (país rico, exército poderoso).

Em suma, as reformas conduzidas durante a Restauração se deram por motivações internas e externas. A pressão internacional sobre o novo regime foi fundamental para o estabelecimento de um projeto nacional bem diferente daquele forjado durante o período Tokugawa; o poder e a ameaça da chamada "segunda fase" da globalização imposta pelas potências ocidentais, impulsionada pela força expansionista do capitalismo, mostraram-se irresistíveis. As relações de estranhamento do Japão moderno com suas próprias tradições de um lado e com a modernidade ocidental de outro são duas características-chave desse período. Em muitos sentidos, esse foi o período em que o Japão buscou criar seu próprio modelo de modernidade diante da expansão industrial do Ocidente.

A reforma da simbologia no Estado Meiji

Durante boa parte do período Meiji, em especial à época da promulgação da Constituição do Império do Japão, em 1889, os assuntos de governo eram conduzidos por um grupo de senhores dos poderosos domínios de Satsuma, Chôshû, Tosa e Hizen. Esse grupo, que tinha acesso privilegiado à casa imperial graças ao papel representado por seus membros durante a Restauração, ficaria conhecido como a aliança Satchô, ou também como *genrô*. A concentração efetiva de poder nas mãos de um seleto número de daimiôs *tozama* representou uma mudança radical na política interna japonesa e enfrentou resistência pesada em algumas regiões do país. Uma dessas regiões era o domínio de Aizu, onde as forças leais ao *bakufu* de Tokugawa continuaram a combater o exército imperial durante meses após a Restauração.

Esse incidente em Aizu foi o primeiro sinal de que o regime Meiji ainda enfrentaria alguns questionamentos residuais de sua legitimidade, apesar do caráter imperial da Restauração. Diante disso, o imperador Meiji criou um novo santuário nacional em Tóquio, o *Tokyo shôkonsha*, que se tornaria o local oficial de descanso do espírito (*kami*) de todos os soldados que morressem em nome do império. Essa medida ecoava o simbolismo dos santuários de Nikkô, construídos pelos Tokugawa com a intenção de desprestigiar o santuário do imperador em Ise e disponibilizar um novo ponto de idolatria nacional; a criação de um ícone religioso para legitimar um novo regime é uma característica recorrente da história do Japão.

Em 1879, o novo santuário de Meiji foi rebatizado como *Yasukuni jinja* (nome que preserva até hoje) e se tornou um dos esteios da religião estatal do xintoísmo, que o novo regime promoveu a fim de legitimar a Restauração Imperial. Para reforçar essa simbologia de um novo

Japão, os guerreiros de Aizu e das demais forças pró--Tokugawa não dispunham de altares em Yasukuni, uma indicação de que eram inimigos do imperador e do Estado – uma acusação que continua sendo motivo de controvérsia até hoje. Foi apenas depois da Guerra do Pacífico (em 1965) que o chamado *chinreisha* (ou "altar para pacificar espíritos") foi construído em homenagem às almas daqueles que morreram nas guerras civis japonesas ocorridas a partir de 1853, em uma tentativa deliberada de criar um sentimento mais inclusivo de nação na sociedade do pós--guerra. Os mais famosos entre os *kami* reverenciados no *chinreisha* são os de Etô Shimpei e Saigô Takamori, dois quase lendários samurais de Hizen e Satsuma que lideraram a Rebelião de Saga (1874) e a Rebelião de Satsuma (1877) contra o governo Meiji – apesar de terem apoiado a Restauração –, sob o argumento de que o verdadeiro espírito japonês estava sendo traído: evocando as antigas tradições dos samurais, eles cometeram suicídio para não ser capturados.

Em outras palavras, as dissidências contra os ideais e as políticas do regime Meiji não se limitavam aos antigos *fudai han*, tinham lugar também nos domínios que ganharam poder com a Restauração, como Satsuma, Chôshû (onde houve uma rebelião em 1876) e outros mais. O *chinreisha* precisou ser isolado à visitação pública depois de grupos ultranacionalistas ameaçarem explodir o santuário em reação à ofensa à nação representada pela presença daquele altar.

O Yasukuni é uma das instituições mais controversas do Japão moderno; na segunda metade do século XX, visitas de políticos ao santuário provocaram protestos em toda a Ásia Oriental, já que o local é também uma homenagem aos soldados que morreram em nome do imperador durante a Guerra do Pacífico. Para alguns críticos, essas visitas indicam que o Japão contemporâneo

6. Estátua de Saigô Takamori passeando com seu cachorro no Parque Ueno, em Tóquio.

é incapaz de expressar adequadamente seu remorso em relação às agressões promovidas pelo Exército Imperial na Ásia durante as décadas de 1930 e 1940. Para outros, essas visitas representam uma falta de respeito por aqueles que morreram pelo Japão Imperial, pois a construção do *chinreisha* teria sido feita para reverenciar "inimigos do Estado" e até mesmo os soldados estrangeiros que morreram em combate contra o Exército Imperial (apesar do fato de esse altar ficar longe das vistas e sua existência ser praticamente desconhecida). Existe também quem veja essas visitas como sinal de um saudável senso de patriotismo e respeito pela história do Japão moderno. Trata-se de uma controvérsia que não dá sinal de que irá arrefecer tão cedo.

A reforma do pensamento e das leis no Estado Meiji

A Carta de Juramento do imperador, de 1868, impôs uma série de exigências a serem cumpridas pelo novo regime. Talvez a mais simples delas fosse o compromisso de buscar conhecimento em outras partes do mundo para modernizar e fortalecer o Japão. Essa diretriz em particular implicava duas medidas sérias a serem tomadas pelo governo: uma reversão radical da política oficial de *sakoku*, que caracterizou o período Tokugawa; e o desmantelamento da ideologia neoconfuciana, que estabeleceu as prerrogativas educacionais do país ao longo dos três séculos anteriores.

Na prática, o Japão não tinha ficado de fato isolado durante o período de *sakoku*, já que o próprio *bakufu* enviou missões oficiais aos Estados Unidos (1860) e à Europa (1862, 1863), mas talvez o mais famoso e importante ato contrário a esse decreto tenha sido a Embaixada Iwakura de 1871-1873. A missão foi conduzida pelo nobre Iwakura Tomomi; ele era apoiado por um grupo de *genrô* que incluía o político Kido Kôin (às vezes mencionado como Kido Takayoshi) e o futuro primeiro-ministro do Japão, Itô Hirobumi, ambos do domínio de Chôshû. A missão, que durou dois anos, viajou pelos Estados Unidos e depois pela Europa, visitando a Grã-Bretanha, a França, a Holanda, a Rússia, a Alemanha e mais alguns países.

A missão tinha um duplo propósito: o primeiro era uma tentativa de renegociar os Tratados Desiguais com os Estados Unidos e as potências europeias; e o segundo era reunir conhecimentos sobre ciência, tecnologia e medicina para ajudar o Japão a "recuperar terreno" em relação aos países ricos modernos, além de aprender a respeito de seus sistemas econômico, político e legal. Na prática, esses dois objetivos estavam intrinsecamente ligados, já que as nações ocidentais se recusavam unanimemente a renegociar os tratados enquanto o Japão não fosse de fato modernizado.

Ao retornar, a missão encontrou um Japão ávido por informações sobre a Europa, com uma sociedade civil incipiente disposta a levar pela primeira vez à esfera pública a discussão sobre questões sociais, culturais e políticas. No início dos anos 1870, o Japão testemunhou a publicação de seus primeiros jornais modernos, uma tradição que se iniciou em 1871 com o *Yokohama Mainichi Shinbun*, logo acompanhado pelo *Nichinichi News*, de Tóquio (o precursor do atual *Mainichi Shinbun*). O progressista *Asahi Shinbun* foi outro a surgir nessa época (em Osaka, em 1879). Ao mesmo tempo, a indústria editorial começou a florescer, publicando livros, ensaios e traduções de textos europeus nas grandes cidades do Japão. Isso proporcionou uma formidável porta de entrada para que a filosofia e a literatura ocidentais começassem a fazer parte do repertório cultural dos japoneses, e os intelectuais da época não demoraram a se dar conta da importância e das possibilidades proporcionadas por esses bens culturais importados.

Um importante grupo de intelectuais progressistas dessa época era a sociedade *Meiroku* (ou Seis do Meiji – assim chamada porque o grupo foi fundado no sexto ano do período Meiji). Entre os fundadores dessa sociedade estavam políticos e intelectuais influentes como Mori Arinori, Fukuzawa Yukichi, Katô Hiroyuki e Nishi Amane. O grupo, que passou a ser visto como a vanguarda do chamado Iluminismo japonês, por adotar os ideais do Iluminismo europeu que promoveram a modernização do Ocidente, era responsável pela publicação da influente revista *Meiroku zasshi*. Nas páginas desse periódico eram discutidas as questões sociais e políticas mais importantes da época, como as vantagens de uma assembleia eleita pelo povo, a importância da separação entre religião e política e o papel da mulher na sociedade. Além disso, incluía informações sobre outros temas "modernos", como a política econômica e os avanços ocorridos na Europa nos campos da química e da física.

Apesar de a *Meirokusha* incluir uma ampla gama de pensadores influentes, talvez o mais importante deles tenha sido o "iluminista" Fukuzawa Yukichi, que viajou pelos Estados Unidos em 1860 como membro da expedição enviada pelo *bakufu* e depois para a Europa, em 1862. Fukuzawa ficou famoso após voltar da Europa, quando publicou seu célebre relato em dez volumes da *Seiyô jijô* (*Situação no Ocidente*, 1867-1870), em que descrevia os grandes feitos da modernidade. Logo depois, preocupado com a capacidade de sobrevivência do Japão no mundo moderno, Fukuzawa escreveu uma série de livros chamada *Gakumon no susume* (*Um incentivo ao aprendizado*, 1872-1876), na qual pregava o abandono do pensamento e da organização social tradicionais do país, de orientação confuciana. Ele criticava duramente os princípios da hereditariedade e da superstição, argumentando que a vida pública deveria se basear na igualdade de oportunidades e que todas as pessoas (independentemente da origem) deveriam ocupar seu lugar na sociedade com base no mérito e, principalmente, na sua formação educacional. Fukuzawa era de fato um grande defensor da educação: em 1858, ele criou sua *Keiô gijuku*, com a intenção de disseminar o conhecimento ocidental entre os jovens; foi a partir dessa escola que surgiu a Universidade Keiô – a primeira e mais prestigiada universidade privada do Japão.

Fukuzawa e os demais "iluministas" eram parte de um movimento progressista que durante o período Meiji floresceu sob o lema "civilização e iluminismo" (*bunmei kaika*), que a princípio parecia equiparar o pensamento racional nos moldes europeus à própria conquista da civilização (uma ideia bem parecida com aquela usada para justificar o imperialismo das potências ocidentais e suas autointituladas "missões civilizatórias"). O conceito principal então em voga era que o Japão precisava "recuperar terreno" em relação ao Ocidente para poder sobreviver no sistema moderno de relações internacionais. Para um grande número de intelectuais e políticos da época, a lógica do sistema internacional era regida pela ideia de que "o mais forte devora o mais fraco" (*jakuniku kyôshoku*). Essa noção de darwinismo social, que Fukuzawa e companhia retiraram da obra de Herbert Spencer, tornou-se muito influente no Japão e impulsionou a nação para níveis avançados de industrialização e, mais tarde, para o imperialismo.

Assim como as ideias de Fukuzawa a respeito da dignidade individual afrontaram radicalmente as tradições confucianas e estabeleceram as bases para o desenvolvimento das ideologias liberais no Japão, suas ideias a respeito das relações internacionais ajudaram a destruir a visão sinocêntrica da ordem regional vigente até então (que relegava o Japão à periferia do continente) e estabelecer as condições para que o Japão ultrapassasse a China em importância e status e chegasse até mesmo a desafiar as potências estrangeiras. Se Spencer estava certo em relação ao curso da história, então a Europa era apenas a civilização mais avançada *naquele momento*, o que significava que o Japão poderia se tornar a sociedade *mais avançada* e *mais civilizada* no futuro. Para Fukuzawa e vários outros nas décadas seguintes, o ponto-chave para superar o Ocidente estava na capacidade do Japão de assimilar a "tecnologia ocidental", mas mantendo o "espírito oriental" (*wakon yôsai*). No próximo capítulo, veremos como esse tipo de lógica alimentou a ideia de "superar a modernidade" e "superar o Ocidente" nas décadas de 1930 e 1940.

Graças à massificação da educação, ao aumento nas taxas de alfabetização e à maior circulação de material impresso, em especial nos grandes centros urbanos, essas ideias modernas tiveram um tremendo impacto sobre o povo japonês. Nas décadas de 1870 e 1880, testemunhou-se o surgimento e o crescimento acelerado de organizações políticas, tanto nas cidades como nas comunidades rurais. A princípio tais grupos eram formados em sua maioria por samurais, mas aos poucos foram atraindo também outros setores. Em 1881, o Japão viu nascer seu primeiro partido político de abrangência nacional, o Partido Liberal (*Jiyûtô*). Logo depois apareceu o Partido Progressista (*Kaishintô*), liderado pelo futuro primeiro-ministro Ôkuma Shigenobu, que nesse mesmo ano fundou também a *Tokyo Sennon Gakkô*; em 1902, a escola mudaria o nome para Universidade Waseda, que segue sendo até hoje a maior rival da Keiô.

Apesar de esses partidos terem entrado em colapso em 1884, foram entidades bastante ativas, organizando petições e protestos, publicando manifestos e jornais e arrecadando fundos entre seus membros. Em outras palavras, foram eles que estabeleceram a prática da participação popular na política no Japão moderno. Outro grupo de atuação destacada durante a década de 1880 foi o movimento pelos direitos populares, que pouco a pouco foi ganhando o apoio de diferentes setores da população. No entanto, o movimento nunca foi capaz de se abrir a ponto de incluir as mulheres, apesar das atitudes corajosas e do bom exemplo de um grande número de indivíduos esclarecidos como o notável Tsuda Umeko, que voltou ao Japão em 1882 depois de viajar com a Embaixada Iwakura e fundou um importante colégio para mulheres, que mais tarde se transformou na Universidade Tsuda.

Para alguns historiadores, a promulgação da Constituição Meiji, em 1889, foi o desdobramento natural da revolução causada pela maior participação popular nas decisões políticas. E, de fato, a nova constituição levou em consideração muitas das demandas dos partidos. Ela incluía um poder legislativo bicameral com uma assembleia eleita por voto popular e uma segunda casa formada por membros apontados pela aristocracia nacional, e seu texto previa uma ampla gama de direitos e deveres. Por outro lado, em termos formais, a constituição era uma espécie de concessão do imperador, que detinha o poder soberano e estava acima de qualquer lei descrita nela. O parlamento na prática não passava de um corpo de conselheiros.

Na realidade, portanto, seria mais interessante encarar a constituição como uma medida estratégica dos *genrô* para que o envolvimento popular na política não saísse de controle. Os aristocráticos *genrô* viam os partidos políticos com extrema desconfiança e pareciam compartilhar de um enorme desdém pelas camadas mais populares, por considerá-las ignorantes e incapazes de agir em nome do bem comum. Para eles, o sistema partidário levaria a políticas interesseiras e sectárias às quais o Japão não poderia se dar ao luxo: o país precisava estar unido se quisesse "recuperar terreno" em relação ao Ocidente e ganhar força suficiente para sobreviver em um sistema de relações internacionais em constante mutação.

Em outras palavras, a promulgação da Constituição Meiji foi a forma pela qual os *genrô* deram um jeito de controlar a participação popular em seu conceito de política moderna. Na prática, a constituição garantia *e restringia* os direitos da população; ela se concentrava mais nos deveres do que nos direitos quando o assunto envolvia o imperador, e não fez qualquer concessão em relação aos direitos das mulheres. A questão da liberação feminina era vista como um dos grandes perigos da modernização no Japão – os movimentos pelos direitos das mulheres existentes na Europa eram considerados pelos japoneses um sintoma da falência moral dos costumes europeus. Além disso, a constituição garantia *e restringia* a participação popular na política; ela previa um parlamento eleito pelo voto popular (em um sufrágio restrito a cerca de 5% da população masculina), mas o poder real não passava por ele, permanecia concentrado nas mãos dos *genrô* e depois cada vez mais nas mãos dos militares, que tinham acesso direto ao imperador, que por sua vez era o dono da soberania nacional. Um dos maiores triunfos da estratégia dos *genrô* foi barrar toda e qualquer discussão sobre a transformação do Japão em uma república, preservando assim a estrutura que ficaria conhecida como *tennô-sei* (sistema do imperador).

Reforma social e política no Estado Meiji

Todas essas ideias inovadoras e reformas modernizantes nas leis só fariam sentido para o povo japonês se tivessem efeitos reais sobre a vida cotidiana. Assim, o que se fez foi uma reforma social centrada na abolição do chamado sistema de estratificação *shi-nô-kô-shô*, que dividia a população em quatro classes (samurais, agricultores, artesãos e comerciantes) e praticamente eliminava qualquer possibilidade de ascensão social. Ironicamente, portanto, a primeira tarefa dos revolucionários, a maioria deles samurais, era extinguir os privilégios de sua própria classe. O fato de eles estarem dispostos a fazer isso é uma prova do comprometimento do regime com o processo de modernização do país. Obviamente, nem todos os samurais do Japão tinham a mesma visão a respeito da modernidade, e um número significativo deles tentou preservar suas tradicionais prerrogativas. Sendo assim, o regime Meiji precisava ser firme mas ao mesmo tempo cauteloso, sob o risco de provocar uma contrarrevolução.

Os *genrô* agiram com rapidez para se valer dos bons ventos trazidos pela Restauração. Liderada por figuras dinâmicas como Kido Kôin e Saigo Takamori, a categoria dos daimiôs foi radicalmente transformada em um período de três anos e a classe dos samurais como um todo foi extinta em apenas sete. Kido, Saigo e líderes revolucionários como Yamagata Aritomo eram partidários da liderança através do exemplo e entregaram suas próprias terras ao imperador em 1869, recebendo em troca nomeações imperiais para serem governantes assalariados dessas mesmas terras. Como resultado, foram capazes de manter seu poder e status, mas o simbolismo de sua subordinação à casa imperial era algo poderoso, já que reforçava tanto a noção de uma *nação unificada* como a de um *reino imperial*.

Depois de entregar suas próprias terras em 1869, os *genrô* estabeleceram com o imperador um Conselho de Estado, criado em 1871; eles aboliram unilateralmente todos os 280 *han*, reorganizando o território em 72 prefeituras (que permanecem sendo a base da divisão regional do país até hoje). Alguns dos novos governantes não eram nem ao menos daimiôs, e sim samurais de grande talento ou até mesmo *heimin* (cidadãos comuns). Os daimiôs, porém, foram generosamente ressarcidos, e a maior parte se contentou com a nova ordem das coisas, já que poderia continuar desfrutando de todo o conforto, mas sem o fardo da responsabilidade a acompanhá-lo.

Um efeito colateral importante dessa medida foi que, pela primeira vez na história do Japão, um exército nacional imperial pôde ser unificado sob a mesma bandeira, restringindo os poderes de domínios influentes como Satsuma e Chôshû.

O grande pioneiro do exército japonês moderno foi Yamagata Aritomo, que em 1889 inauguraria a linhagem dos primeiros-ministros da Constituição Meiji (e se tornaria o terceiro primeiro-ministro em toda a história do Japão), além de ser nomeado marechal de campo do Exército Imperial de 1898. Sob seu conselho, o imperador Meiji contratou estrategistas militares da Europa e dos Estados Unidos para treinar suas tropas no uso das armas e munições modernas.

Foi Yamagata quem impulsionou o estabelecimento de um exército nacional, que teve origem com um agrupamento de 10 mil samurais, mas só se tornou um exército de fato em 1873; a regra do serviço militar obrigatório durante três anos para todos os homens maiores de 20 anos de idade passou a vigorar nesse mesmo ano. Combinada a todas as outras reformas que se deram nos anos 1870, a criação de um exército com fileiras saídas da população comum foi considerada a gota d'água por diversas facções de samurais; tratava-se de uma afronta direta ao último privilégio e ao próprio dever da classe – o direito de portar uma espada e defender o reino. Até mesmo alguns *genrô* que não se opuseram a entregar suas terras e títulos ao imperador consideraram a medida radical demais. Na verdade, 1873 foi também o ano em que Yamagata Aritomo e Kido Kôin foram obrigados a abandonar a Embaixada Iwakura e voltar ao Japão para demover seu companheiro *genrô* Saigo Takamori da ideia de promover uma invasão samurai à Coreia. Saigo afirmava que tal invasão fortaleceria o exército japonês e revitalizaria a classe dos samurais; ele chegou inclusive a se oferecer para viajar à Coreia e proporcionar um pretexto para a guerra permitindo que os coreanos o matassem. Quando o plano de Saigo foi enfim derrotado, o samurai Etô Shimpei, de Hizen, renunciou a seu cargo de conselheiro do novo regime e voltou para sua cidade natal, Saga, onde organizou uma malsucedida rebelião de samurais insatisfeitos.

A instituição do alistamento compulsório de Yamagata, portanto, pode ser vista *tanto* como uma tentativa de modernizar o exército japonês *quanto* como uma medida necessária para restringir e manter sob controle os últimos samurais. A primeira vitória significativa do exército moderno de Yamagata veio justamente em 1877, quando ele derrotou os samurais liderados por Saigo Takamori na Rebelião de Satsuma. Não demorou muito para que o Exército Imperial Japonês, sob o comando de Yamagata, impusesse derrotas também à China (1895) e à Rússia (1905).

Uma das vantagens econômicas imediatas do processo de nacionalização do Japão foi a possibilidade da criação de um sistema de impostos de abrangência nacional pela primeira vez na história do país, proporcionando ao governo central a capacidade de levantar fundos para executar uma série de obras públicas. Sob a liderança de modernizadores como Okubo Toshimichi, isso significava a possibilidade de não apenas formar um exército nacional, mas também de construir uma ferrovia nacional e criar "fábricas-modelo", que podiam ser imitadas e desenvolvidas por empreendedores individuais. O primeiro trecho da ferrovia, ligando Tóquio à vizinha Yokohama, foi concluído em 1872, e em um período de apenas vinte anos quase 2.500 quilômetros de trilhos foram implantados. O trem era (e continua sendo) um símbolo poderoso no imaginário japonês desde que o comodoro Perry deixara o país embasbacado com sua locomotiva em miniatura em 1854. A atuação do governo japonês nesse caso levanta questões interessantes a respeito do papel do Estado no "desenvolvimento tardio", ou na "recuperação de terreno", de economias emergentes.

Em outras palavras, o sistema nacional de recolhimento de impostos proporcionou o combustível para a construção de um sistema econômico moderno, além de promover uma ampla transformação social: as ferrovias facilitaram o acesso das regiões mais distantes à capital do país de uma forma que os Tokugawa não poderiam jamais imaginar, e o crescimento das fábricas aprofundou o processo de urbanização e mudou radicalmente a vida de milhões de japoneses.

No entanto, a abolição dos *han* também causou muitos problemas, entre eles o imenso ônus financeiro de pagar os vencimentos dos samurais, que costumavam ser sustentados pelos daimiôs. Em 1871, essa despesa comprometia cerca de metade do orçamento do governo, o que em pouco tempo, e compreensivelmente, tornou-se um motivo de insatisfação pública, já que os samurais constituíam somente uma pequena parcela da população.

No fim, foi preciso adotar uma medida para eliminar os samurais. Esse processo começou já em 1869, quando o número de categorias de samurais foi reduzido a duas: superior e inferior. Três anos depois, período no qual todos os japoneses das outras classes foram reclassificados como cidadãos comuns, ou *heimin* (abolindo-se as restrições de vestimenta, residência e profissão que caracterizavam o sistema do período Tokugawa), os samurais da classe inferior foram incorporados aos *heimin*. Na prática, obviamente, os *heimin* permaneceram divididos em diferentes grupos durante vários anos. Os estrangeiros também não recebiam um tratamento padronizado: os ocidentais tinham privilégios, mas os asiáticos, que em geral chegavam como refugiados de guerra, eram sujeitos à discriminação; as minorias sociais anteriormente chamadas de *eta* ou *hinin* (os imundos, ou inumanos) foram reclassificadas como *burakumin* (povo dos grotões), o que na prática apenas mudou o nome do problema em vez de resolvê-lo; e o grupo mais desfavorecido de todos era o das mulheres, excluídas de todas as liberdades conquistadas no novo regime – sua única atribuição era ser "boas

7. Mulheres trabalhando na fiação de Mitsui, c. 1905.

esposas e mães responsáveis", ou então trabalhadoras incansáveis da indústria têxtil, que dava seus primeiros passos. E, naturalmente, também havia grandes discrepâncias em termos de riqueza, valores e modo de vida entre a crescente população urbana e as mais tradicionais comunidades rurais.

Na verdade, quando a educação primária obrigatória foi instituída, em 1872, em algumas partes do Japão houve protestos contra a exigência de enviar as crianças ao colégio em vez de colocá-las para trabalhar. Ainda assim, na virada do século, aproximadamente 98% das crianças estavam na escola, e a educação superior estava começando a se popularizar, o que significava que o governo poderia rever os critérios de recrutamento de seus funcionários e contratar aqueles que mais se destacassem nos estudos (abandonando o sistema baseado na hereditariedade).

Em 1873, o governo decidiu taxar os vencimentos de todos os samurais e, no ano seguinte, diante das reclamações a respeito da medida, ofereceu trocar os pagamentos em dinheiro por títulos do governo: os samurais que aceitaram a proposta tiveram ganhos significativos. Já aqueles que recusaram a oferta nesse primeiro momento foram obrigados a fazer isso em 1876 (com uma taxa de conversão bem menos favorável), ano em que o governo Meiji cassou o direito dos samurais de portar espadas em público, limitando tal privilégio a policiais e soldados do exército (muitos deles *heimin*). A essa altura, todas as prerrogativas dos samurais haviam sido cassadas de forma sistemática e progressiva: sua classe não dispunha mais de privilégios; não era mais contemplada com um salário anual; não tinha mais o direito de portar espadas; e não detinha mais a exclusividade sobre um determinado modo de se vestir e cortar os cabelos. Na época em que eclodiu a "rebelião samurai" de Saigo, em 1877, a classe dos samurais já não existia.

Um novo conceito de nacionalismo

No entanto, é interessante refletir que a abolição dos samurais como uma classe social no Japão não significou o abandono dos ideais defendidos por essa elite de guerreiros. Na verdade, um dos maiores paradoxos da entrada do Japão na modernidade foi a imediata reinvenção da honra e da lealdade dos samurais como um símbolo nacional. Em vez de serem encarados como uma minoria privilegiada, opressora, improdutiva e dispendiosa herdada de um sistema feudal, os samurais foram repaginados como o epítome dos valores *nacionais* japoneses. Até mesmo a rebelião de Saigo Takamori foi rapidamente romantizada como um ato glorioso de sacrifício em nome do imperador – um pequeno grupo de samurais que se voltou contra uma maré irrefreável de modernidade para mostrar ao povo o que significava ser japonês em um contexto em que máquinas, indústrias e transações comerciais representavam uma ameaça de alienação coletiva. Assim como Saigo estava disposto a se sacrificar na Coreia para "salvar" o Japão, diz a lenda que ele se sacrificou no próprio país para salvá-lo de si mesmo. A moral dessa história visava reforçar o valor fundamental das tradições japonesas mesmo diante do massacre da modernização e da ocidentalização: por mais que tudo mudasse, o Japão continuaria sendo o Japão.

Talvez o mais influente defensor da ideia de que o Caminho do Samurai, ou *bushidô*, representava a "alma do Japão" tenha sido Nitobe Inazo. Ironicamente, porém, Nitobe encarava o *bushidô* como uma resposta ao problema da modernidade: ele considerava que as grandes potências da Europa tinham em suas ideologias e crenças enraizadas uma base coerente para afirmar sua identidade e seu valor moral; seu temor era que o Japão não tivesse tamanho senso de identidade nacional. Nitobe não era um grande historiador, mas ao examinar a história de seu país encontrou o *bushidô* como um ponto comum a todas as eras (apesar do fato de o próprio termo "bushidô" ser uma invenção moderna) e resolveu apresentá-lo ao mundo como o equivalente japonês do código de honra dos cavaleiros medievais europeus. Não à toa, seu livro mais famoso, *Bushidô: A alma de Samurai* (1899), foi escrito em inglês para consumo do público ocidental e traduzido para o japonês apenas mais tarde. Ainda assim, no início do século XX, a noção do *bushidô* como uma ideologia japonesa, e não como a representação dos ideais da classe dos samurais, já era disseminada em larga medida tanto no treinamento dos militares como no dia a dia da sociedade como um todo.

Em diversos sentidos, a questão da "identidade nacional" era uma das mais prementes no Japão da virada para o século XX, e monopolizava boa parte dos debates em sua recém-surgida esfera pública. Publicações destinadas exclusivamente a discutir o significado de ser japonês no contexto do mundo moderno começaram a surgir. Por iniciativa de intelectuais como Okakura Tenshin, e com o apoio de visitantes estrangeiros como Ernest Fenellosa, ansiosos por descobrir "curiosidades" a respeito do Japão para consumo de norte-americanos e europeus, deu-se início a uma verdadeira indústria de autoquestionamentos. Estudiosos mais recentes localizam nesse período o surgimento da chamada literatura *Nihonjinron* (ensaios sobre as peculiaridades japonesas), que continua produzindo frutos até os dias de hoje. Essa sensação permanente de crise de identidade é considerada por muitos um sintoma universal da inquietação produzida pela modernidade.

Trata-se de uma questão que já recebeu múltiplas interpretações. Grandes nomes da literatura japonesa, como Natsume Sôseki, adotaram o encontro com a modernidade como tema central de sua obra. Sôseki, que viajou para a Inglaterra na virada para o século XX, voltou para o Japão com uma péssima impressão das escuras e deprimentes cidades industriais inglesas. Alguns de seus romances mais conhecidos são um lamento da dissipação dos valores tradicionais japoneses em benefício da modernidade industrial. Já outros autores, como Okakura Tenshin, tentaram tornar identificável uma estética distintamente japonesa, em contradição com a mercantilização ostensiva da modernidade; afinal, se não fosse possível identificar quais eram os valores japoneses, como preservá-los?

Por outro lado, houve quem tentasse descobrir os parâmetros identitários desse novo Japão simplesmente testando seus limites na prática. Um célebre exemplo disso é o caso de Uchimura Kanzô, um professor de inglês da Primeira Escola Superior, em Tóquio. Em janeiro de 1891, Uchimura se recusou a se curvar diante de uma cópia do Decreto Imperial sobre a Educação, um documento assinado pelo próprio imperador. Seu argumento para isso foi que a Constituição Meiji lhe garantia liberdade de pensamento e que sua religião, o cristianismo, não lhe permitia prestar homenagens a falsos ídolos.

Infelizmente, nem as autoridades da época nem seus colegas de magistério concordaram com ele, e Uchimura foi obrigado a pedir demissão do cargo em meio a uma onda de protestos e acusações de traição. O caso Uchimura revela vestígios do mesmo tipo de desconfiança em relação ao cristianismo que levou o regime Tokugawa a proibir sua prática, mas é também indicativo de alguns dos elementos centrais da incipiente identidade nacional japonesa. Em particular, ele demonstra que a pessoa do imperador e o simbolismo que ele representava eram intocáveis: as liberdades e os direitos individuais só estavam garantidos caso não entrassem em conflito com os desígnios imperiais.

Em outras palavras, a modernização do Japão ocorrida no período Meiji tinha suas particularidades. Apesar de o país ter se transformado de uma federação política semifeudal com uma economia apenas parcialmente integrada e uma política externa isolacionista em uma nação com uma economia integrada e presença internacional, sua identidade e unidade ainda estavam profundamente conectadas ao símbolo tradicional da autoridade do imperador. Obviamente, um grande número de Estados europeus modernos também eram monarquias, e por fim o Ocidente reconheceu a modernização do Japão com a revogação dos Tratados Desiguais, no final do século XIX.

No entanto, apesar de assimilar a tecnologia, a medicina, a literatura e a filosofia ocidentais, os nipônicos nunca deixaram de buscar uma forma de preservar as características distintivas que os tornavam "japoneses". Uma dessas características era a própria figura do imperador: o Japão era uma nação imperial. Como veremos no próximo capítulo, essa identidade, combinada à acumulação de riquezas e à ideologia europeia a respeito da evolução social e da expansão natural do capital, levaria o Japão a uma tentativa de "superar a modernidade" por meio da guerra contra seus vizinhos e, mais tarde, contra os países democráticos da Europa e os Estados Unidos.

Capítulo 3

A superação pela modernidade: o Japão em guerra

As mudanças profundas ocorridas no Japão durante a segunda metade do século XIX foram motivadas a princípio por um sentimento de humilhação e insegurança diante das grandes potências do mundo ocidental. No entanto, quando o Japão conseguiu adotar com sucesso as ideias e os elementos da modernidade a ponto de em pouco tempo se ver livre dos Tratados Desiguais, a autoestima da nação foi às alturas. Se por um lado alguns setores da sociedade japonesa optaram por adotar a ideia de modernidade como um conceito mais amplo, que devia incluir não só as inovações tecnológicas como também um conjunto de práticas culturais e sociais, por outro surgiram setores que se aproveitaram dessa autoconfiança recém-descoberta para contestar a noção de que modernização e ocidentalização eram necessariamente a mesma coisa. Uma vez estabelecido no mundo moderno, a questão mais premente no Japão deixara de ser o que significava ser "moderno no Japão moderno" para dar lugar a um questionamento mais pessoal, sobre o que significava ser japonês, fosse qual fosse o contexto.

Por um lado, é possível identificar uma resposta romântica a esse questionamento. Intelectuais, escritores, artistas e ativistas se valeram de um passado imaginário do Japão em busca do que seria a "essência" de ser japonês: para alguns, isso significava uma reinvenção do *bushidô* como a "alma do Japão", ou do xintoísmo como uma religião nacional, com seu culto ao imperador; para outros, a redescoberta de uma beleza frágil e obscura que caracterizava a estética japonesa. Em outras palavras, um dos principais desafios trazidos pela modernidade foi o fato de ter forçado a sociedade japonesa a refletir sobre sua própria identidade, dando origem a um novo tipo de literatura, que passou a ser chamada de *Nihonjinron* (ensaios sobre as peculiaridades japonesas). Para muitos, a questão se resumia a como essa identidade poderia ser conciliada com as demandas do mundo moderno.

Por outro lado, é possível identificar também uma resposta mais chauvinista a essa mesma questão. Dessa perspectiva, o dilema principal não era como preservar as tradições inerentes ao Japão em meio às mudanças radicais promovidas pela modernização, e sim como confrontar o processo modernizador em si. Essa posição radicalizava as tradições japonesas (fossem elas inventadas ou não) e defendia sua superioridade em relação aos pilares das culturas ocidentais, que ameaçavam contaminar e enfraquecer o Japão sob o falso rótulo do progresso. À medida que a confiança e o poderio dos japoneses cresciam, esse discurso chauvinista foi se transformando em uma conclamação mais agressiva: o Japão tinha o dever moral de restabelecer sua identidade de fato, e esse dever implicava a missão de ajudar as demais nações asiáticas a superar a contaminação insidiosa da modernidade e da ocidentalização. Em resumo, essa posição proporcionou as condições para o surgimento de um paradoxal imperialismo anti-imperialista; a missão do Japão era libertar a Ásia das garras do imperialismo ocidental.

A política imperialista do período Meiji

Conforme discutido no capítulo anterior, a Restauração Meiji e a revolução subsequente tinham um caráter essencialmente imperial. Na chamada Era dos Impérios, era natural que as elites políticas e militares do novo Estado constituído tivessem interesse em constituir seu próprio império, assim como as grandes potências ocidentais, cujos impérios começavam a estender seus tentáculos pela Ásia. Foi com base nesse tipo de pensamento que Yamagata Aritomo, logo depois de voltar da Europa, teve a ideia de formar uma marinha poderosa, à imagem e semelhança da marinha imperial mais poderosa da época, a da pequena nação insular da Grã-Bretanha.

Apesar de os planos de Saigo Takamori de uma invasão à Coreia no início da década de 1870 terem sido rechaçados pelos *genrô* (que interromperam a viagem da Embaixada Iwakura pela Europa para impedir que ela fosse levada a cabo), e por Yamagata Aritomo em particular, a objeção do governo à ideia não se dava por sua ambição imperialista, e sim pelo método e pela justificativa de Saigo. Tanto que, em 1876, o próprio Yamagata argumentou que a Coreia era parte essencial da "zona de vantagem" japonesa e sua relativa fraqueza (por ser uma sociedade menos modernizada) a tornava vulnerável tanto às ambições regionais japonesas quanto às das potências ocidentais, o que constituía na prática uma vulnerabilidade para o próprio Japão. Era fundamental, ele argumentava, que a Coreia fosse trazida para a esfera japonesa, já que mais cedo ou mais tarde acabaria sendo ocupada por algum outro país.

Com esse tipo de corrida imperialista em mente, e com a consciência de seu recém-adquirido poderio em nível regional, o Japão impôs o Tratado de Kanghwa à Coreia em 1876. O processo como um todo foi quase uma reprodução exata do método usado pelo comodoro Perry para obrigar o Japão a assinar o Tratado de Kanagawa apenas vinte anos antes, com termos igualmente predatórios. Enquanto a Coreia não se modernizasse, Yamagata e companhia argumentavam que o país não mereceria um tratamento igualitário. Sendo assim, durante toda a década de 1880, o Japão enviou emissários à Coreia para supervisionar a modernização de seu sistema educacional, de sua economia e de sua estrutura política, assim como os europeus vinham fazendo com os japoneses.

A situação na Coreia era delicada, principalmente em virtude da tradicional competição entre Japão e China pela influência sobre a península. O Tratado de Kanghwa, assim como a presença dos conselheiros japoneses, causou incômodo tanto entre os governantes chineses como entre o povo coreano. No Japão, os formadores de opinião tentaram justificar a aparente hipocrisia da política externa do país através da evocação retórica do pan-asianismo: o Japão estava ajudando a Coreia a se defender da ameaça representada pelo Ocidente. Ainda assim, a violência contra os emissários japoneses na Coreia era frequente, e em 1894 ocorreu uma grande rebelião contra a presença estrangeira no país. A Rebelião Tonghak, com suas motivações religiosas, xenófobas e antijaponesas, minou a estabilidade da Coreia a tal ponto que foi preciso pedir ajuda militar de seus tradicionais vizinhos e defensores, os chineses, para restaurar a ordem. Extremamente ofendidos

8. Cartão-postal retratando o massacre da Coreia pelo Japão em sua marcha para a Rússia.

com essa atitude, e sob o pretexto de defender sua zona de vantagem, os japoneses enviaram suas tropas para a Coreia, onde entraram em conflito com os chineses. O resultado disso foi a primeira Guerra Sino-Japonesa da era moderna.

Graças à modernização empreendida por Yamagata Aritomo, o exército japonês era amplamente superior ao chinês. Além disso, em virtude do desejo de construir um "Império Britânico para o Japão", os japoneses tinham a seu dispor uma marinha poderosa; pela primeira vez na história, o poderio naval do Japão era comparável ao da China, com a vantagem da superioridade tecnológica. O resultado dessa guerra foi uma clara vitória japonesa, cujos privilégios sobre a Coreia foram assim confirmados. Além disso, como compensação pelos dispêndios de guerra, o Japão tomou posse da ilha de Taiwan e do pequeno mas estratégico território da península de Liaodong, na China continental, e ainda cobrou uma altíssima indenização financeira dos chineses.

A Guerra Sino-Japonesa foi extremamente comemorada pelo povo do Japão, que vinha se mostrando cada vez mais insatisfeito com as despesas e os privilégios concedidos aos militares. Diversas justificativas para o projeto imperialista japonês vieram à tona na esfera pública, de apelos ao darwinismo social e à sobrevivência dos mais fortes ("ou império ou colônia!"), por meio do processo natural de expansão de uma economia moderna e capitalista, a apelos românticos ao projeto de construção nacional. Nesse sentido, o público japonês foi bombardeado por uma série de construções ideológicas nas décadas seguintes, a começar talvez pela chamada ideologia Mito, que aliava ideias da reverência confuciana aos mitos xintoístas para produzir uma visão do Japão como o centro divino da ordem regional, com a missão moral de levar a luz do imperador a todo o povo da Ásia.

Com isso, a população foi se apropriando cada vez mais das grandes questões políticas: o Japão era o país *deles*. O impulso proporcionado pela participação popular na política vinha se intensificando desde a primeira eleição sob a nova constituição em 1890, na qual os dois maiores partidos (Liberal e Progressista) ganharam 171 das 300 cadeiras do parlamento. Apesar de o sufrágio ter sido limitado a 1% da população (votaram apenas os homens com uma determinada faixa de renda), os parlamentares e os eleitores levavam muito a sério as políticas de bem-estar social e sua participação na elaboração do orçamento governamental. A sociedade civil se mostrava cada vez mais envolvida nesses debates, tanto na imprensa como nas manifestações coletivas nas ruas.

Por outro lado, os *genrô*, seu partido pró-governo (que ganhou menos de 80 cadeiras no parlamento em 1890) e a câmara superior dos aristocratas, que não era eleita por meio do voto, encaravam com extrema desconfiança a influência dos cidadãos comuns sobre as grandes questões nacionais, principalmente sobre o orçamento destinado aos militares. Na verdade, apesar de criticarem os altos gastos empreendidos por Yamagata para a defesa da "esfera de vantagem" japonesa, os partidos políticos não demonstravam grande empenho na realocação desses recursos para a melhoria das condições de vida das massas: os direitos dos operários foram negligenciados em grande medida até 1911, quando foi aprovada uma regulamentação, não muito rígida, aliás, do trabalho nas fábricas; e as mulheres continuaram proibidas de participar da política até a década de 1920. Sendo assim, a euforia em torno da Guerra Sino-Japonesa só serviu para mudar a opinião da população a respeito da verba destinada às Forças Armadas durante as décadas seguintes (em 1895, o parlamento chegou a votar uma lei que aumentava a carga tributária das grandes empresas para incrementar o erário nacional), o que durou até 1905, quando explodiram os protestos no Parque Hibiya, no centro de Tóquio, contra os altos gastos militares e sua aparente inutilidade, apesar da vitória na Guerra Russo-Japonesa.

Entre as grandes potências ocidentais, nenhuma outra pareceu tão exultante com o triunfo japonês sobre a China como a Grã-Bretanha, que demonstrou sua satisfação com a revogação imediata de seus Tratados Desiguais. Assim que os termos do Tratado de Shimonoseki vieram a público, porém, um ultimato coletivo foi emitido pelos governos da Rússia, da França e da Alemanha exigindo a devolução da península de Liaodong pelos japoneses. Para a Rússia em particular, que tinha suas próprias ambições de estabelecer uma esfera de influência sobre a China, essa pequena porém estratégica península dava ao Japão uma vantagem inaceitável na região. Resignados, os japoneses, que viram essa Intervenção Tripla como uma prova da dubiedade das intenções dos ocidentais, não tiveram outra alternativa a não ser retirar suas tropas. E esse ressentimento só cresceu quando a própria Rússia ocupou a península pouco tempo depois e as outras potências europeias se aproveitaram do enfraquecimento da China para assumir o controle sobre outros portos do país. Para muitos japoneses, a Intervenção Tripla e os eventos subsequentes pareciam motivados por puro racismo: apesar de o Japão atender a todos os critérios de "nação moderna" e ter se livrado dos Tratados Desiguais, o país ainda não era levado a sério como ator internacional.

Na verdade, a disputa com os russos estava só começando. A importância dada pelas grandes potências a estabelecer esferas de interesse na Ásia, e em particular na China, levou a um intenso contato militar com os japoneses. Na virada do século, o Japão integrou uma coalizão internacional que incluía britânicos e russos para combater o Levante dos Boxers, de caráter antiestrangeiro, no norte da China (1899-1901). Logo depois, o país tentou obter o reconhecimento formal de russos e britânicos de sua supremacia sobre a Coreia. Em 1902, o Japão conseguiu um grande feito diplomático assinando uma aliança com o Império Britânico segundo a qual os britânicos reconheceriam o domínio da Coreia pelo Japão e se comprometeriam a colaborar com os japoneses para conter a expansão da influência russa na região. Essa foi a primeira aliança firmada pela Grã-Bretanha com uma potência não ocidental, comemorada com euforia pelos japoneses como uma prova da importância conquistada pela nação no cenário mundial. Esse reconhecimento, no entanto, não foi muito bem recebido pelos russos.

Amparado pela aliança anglo-japonesa, o ex-primeiro-ministro Itô Hirobumi propôs o chamado *Mankan kôkan* (troca da Manchúria pela Coreia), um acordo que previa o reconhecimento da soberania russa sobre a Manchúria em troca do reconhecimento dos russos da condição privilegiada dos japoneses sobre a Coreia. Em Moscou, entretanto, a proposta foi rejeitada. Em Tóquio, essa recusa foi encarada como uma confirmação da hostilidade da Rússia em relação ao Japão, e as relações diplomáticas entre os dois países ficaram abaladas. Três horas antes de anunciar formalmente suas intenções, o Império Japonês atacou a Frota Oriental Russa em Port Arthur, na península de Liaodong. A Marinha Imperial Japonesa impôs derrotas sucessivas e surpreendentes à Frota Russa, cercando e tomando Port Arthur e mais tarde desbaratando a famosa Frota Báltica em apenas um dia no Estreito de Tsushima (entre 27 e 28 de maio de 1905). A Frota Báltica havia literalmente atravessado o mundo, passando pelo Cabo da Boa Esperança, para quebrar o cerco a Port Arthur (que já havia sucumbido quando o reforço chegou), e a vitória japonesa, sob o comando do almirante Tôgô, deixou o mundo inteiro perplexo. Após a humilhante derrota para os japoneses, começaram a circular boatos em Moscou de que a Frota Báltica na verdade tinha sido destruída por navios britânicos disfarçados – rumores, aliás, totalmente infundados. O almirante Tôgô Heihachirô, que havia sido treinado na Grã-Bretanha nos anos 1870, ganhou o epíteto de "Nelson do Oriente" depois da Batalha de Tsushima. Uma mecha do cabelo do almirante Nelson foi enviada a ele pela Marinha Real como uma congratulação pelo feito, e Yamagata Aritomo recebeu a Ordem do Mérito do rei Edward VII em 1906.

A vitória do Japão gerou repercussões na comunidade internacional; pela primeira vez, uma potência europeia era derrotada por uma potência asiática na era moderna. A capacidade militar da Rússia foi colocada à prova, e seu prestígio saiu seriamente abalado – a humilhação dessa derrota foi inclusive um dos fatores que proporcionaram o contexto para a eclosão da Revolução Russa, em 1917. No entanto, apesar de todo o drama, heroísmo e triunfo, a Guerra Russo-Japonesa não foi um sucesso absoluto para o Japão. Os termos do Tratado de Portsmouth, que pôs um fim ao conflito, refletiam o fato de que ambos os lados sofreram perdas terríveis em troca de muito pouco. O Japão conseguiu demonstrar o seu poderio – igual ou até superior ao das grandes potências – e assim consolidou sua posição na região: a Rússia reconheceu sua soberania sobre a Coreia, que seria anexada em 1910, sem grande alarde. Além disso, os russos foram forçados a abrir mão de seu domínio de 25 anos sobre Port Arthur, entregando-o ao Japão e revertendo a resolução da Intervenção Tripla. E, por fim, ao Japão foi entregue (apenas) a porção sul da ilha de Sakhalin. Por outro lado, não houve qualquer tipo de indenização financeira, como no caso da Guerra Sino-Japonesa, fato que o povo japonês considerou inaceitável – gerando inclusive protestos em algumas das principais cidades do país. O apoio aos gastos militares começou a entrar em declínio no parlamento e junto ao público em geral. Na década seguinte, houve manifestações frequentes nos centros urbanos contra o aumento das despesas com as Forças Armadas em um momento de alta nos custos do transporte público e no preço do arroz, além da reivindicação da ampliação do sufrágio.

Nessa mesma época, os sindicatos e as associações de classe foram se tornando cada vez mais populares, assim como o apoio a um incipiente movimento socialista. Um partido social-democrata foi fundado em 1901, mas banido logo depois. O movimento então ganhou contornos mais radicais, evoluindo para o anarquismo e o comunismo sob a liderança de ativistas como Kôtoku Shusui e Katayama Sen, que acabariam sendo condenados à morte por traição em 1911. A ortodoxia do projeto nacional do Japão, mesmo com o impacto negativo da Guerra Russo-Japonesa, nunca abriu espaço para o espectro político da esquerda, que representava uma ameaça ao principal elemento de coesão do período Meiji: a figura do imperador.

A morte do imperador Meiji em 1912 representou, portanto, um marco importantíssimo na história do Japão moderno. Meiji havia guiado a transformação do Japão em um Estado-nação unificado e depois a modernização do país até se tornar uma potência imperialista em pé de igualdade com os impérios ocidentais. Na ocasião de sua morte, entretanto, o Japão já testemunhava o início de uma nova fase política, com a opinião pública se voltando contra a militarização do Estado e lutando para transformar o país em uma democracia participativa de fato. Os partidos políticos vinham se tornando mais coerentes e voltados a demandas específicas, em vez de meros clubes dos quais os parlamentares faziam parte. No ano da morte de Meiji, Hara Kei, o líder do partido Seiyûkurai, já havia sido capaz de reduzir a verba para as Forças Armadas no novo orçamento. Nem mesmo um estadista mais experiente como

Yamagata Aritomo foi capaz de virar o jogo a favor dos militares em um período que ficaria conhecido como a "política de compromissos". Mais tarde, Hara se tornaria o primeiro cidadão comum pertencente a um partido político a ocupar o cargo de primeiro-ministro do Japão, em 1918.

A democracia Taishô

O imperador Taishô governou por um breve período entre 1912 e 1926, quando foi sucedido pelo imperador Shôwa, que permaneceria no trono até 1989, ano de sua morte. Para muitos historiadores, o período Taishô foi um pequeno oásis de calmaria em um século marcado por guerras e conflitos para o Japão. Intelectuais e ativistas como Yoshino Sakuzô defendiam um tipo de democracia intitulado *minponshugi* (governo para o povo), considerado perfeitamente compatível com a monarquia constitucional japonesa. Da mesma forma, legisladores constitucionais como Minobe Tatsukichi argumentavam que o imperador deveria ser considerado mais um "órgão" da estrutura estatal, e não o soberano da nação. E, ainda nessa mesma linha, internacionalistas como Nitobe Inazo apostavam suas fichas no estabelecimento de uma nova ordem mundial baseada na diversidade e no multiculturalismo; Nitobe inclusive foi subsecretário-geral da Liga das Nações na década de 1920 e um dos fundadores do Comitê Internacional de Cooperação Intelectual (o órgão precursor da atual Unesco).

Nesse período, uma nova classe média começou a marcar presença nos cada vez mais prósperos centros urbanos. Foi nessa época que surgiu o chamado *salaryman* – o onipresente trabalhador engravatado japonês. Foi durante esses anos também que apareceram as primeiras mulheres com empregos de colarinho branco, como "moças de escritório" ou vendedoras de lojas. Em geral, as mulheres que ocupavam esses cargos eram extremamente mal pagas, apesar de serem retratadas na cultura popular como ícones de modernidade: bonitas e bem-vestidas, adeptas convictas do consumismo e muitas vezes apresentadas como liberais nos costumes, distribuindo carícias com a mesma facilidade com que vendiam roupas ocidentais para seus clientes. Elas eram conhecidas como *moga*, ou *modan gaaru* (meninas modernas). A nova classe média (que contrastava com a "velha classe média", composta pelas famílias dos antigos samurais) era representada por profissionais liberais e autônomos, que prestavam serviços para diferentes empresas e desfrutavam em sua plenitude das facilidades da vida moderna.

Esses novos modos de vida estavam inseridos em uma nova cultura, e o período Taishô testemunhou o entusiasmo dos japoneses por formas de entretenimento importadas dos Estados Unidos, sendo as principais delas o beisebol e o jazz. Além disso, o desenvolvimento artístico interno também fervilhava, produzindo talvez os maiores escritores do Japão moderno, como Akutagawa Ryûnosuke e Tanizaki Juni'ichiro, com seus contos belos e sombrios e romances contemplando importantes questões sobre a identidade individual e cultural em uma sociedade em rápida transformação. Ao mesmo tempo, o país assistia ainda a um florescimento da poesia e da arte de vanguarda. O advento dos livros de "um iene", a consolidação dos jornais nacionais e locais e a criação de locadoras de livros, revistas e mangás fizeram com que os materiais impressos alcançassem um público cada vez maior e mais culto.

Mas, obviamente, esse retrato da classe média do Japão do período Taishô não dá conta de toda a história. O operariado fabril surgido no período Meiji continuava basicamente nas mesmas condições. Mais uma vez, eram as jovens mulheres que mais sofriam com isso, enquanto os homens encontravam condições similares na indústria pesada. Por outro lado, o período Taishô também testemunhou uma maior conscientização da classe trabalhadora: os operários começaram a se unir em sindicatos e associações de classe, e até mesmo os *burakumin* passaram a participar do ativismo social por meio da *Suiheisha* (Associação pelo Nivelamento). As greves e disputas trabalhistas cresceram em quantidade ao longo dos anos

9. A encruzilhada da modernidade, c. 1928.

1920, à medida que os ativistas iam assimilando ideais liberais e até mesmo comunistas.

A imagem do período Taishô como uma época segura e pacífica é pelo menos em parte endossada pela explosão econômica que o Japão viveu durante o decorrer da Primeira Guerra Mundial na Europa. Durante o confronto, a produção industrial japonesa quintuplicou para poder suprir, além da demanda doméstica, o mercado europeu, e as exportações dispararam (em especial de produtos têxteis). Pela primeira vez na história moderna, o Japão se tornou um credor internacional.

Os historiadores muitas vezes costumam subestimar o papel do Japão na Primeira Guerra Mundial: o país entrou na guerra a pedido de seus aliados britânicos no dia 23 de agosto de 1914 e rapidamente ocupou territórios alemães na Ásia Oriental, como Shagdong e Tsingtao. Pouco depois, em outubro, a Marinha Imperial invadiu uma série de colônias alemãs no Pacífico, inclusive as Ilhas Marshall. Além disso, o Japão se valeu da instabilidade que a guerra causou na região para consolidar sua posição na Manchúria e estabelecer de vez sua hegemonia sobre uma China enfraquecida – impondo as chamadas Vinte e Uma Demandas para concessões econômicas e territoriais. Nessa época, o Japão ainda participou de uma campanha conjunta com os Estados Unidos para apoiar o Exército Branco na Revolução Russa, que eclodiu em 1917, e enviou uma frota de dezessete navios para o Mediterrâneo para ajudar na retirada de embarcações britânicas atracadas em Malta. Graças a seu envolvimento na Primeira Guerra Mundial, o Japão pôde se sentar entre os Quatro Grandes (Grã-Bretanha, França, Estados Unidos e Itália) em Versalhes durante a negociação do tratado de paz em 1919 e ganhou um assento permanente no Conselho da Liga das Nações – uma conquista que o Japão do pós-guerra não foi capaz de repetir na Organização das Nações Unidas.

Esse reconhecimento por parte das potências ocidentais foi recebido com entusiasmo no Japão. A delegação japonesa na conferência, porém, não conseguiu tudo o que queria. Apesar de ter sido bem-sucedida no lobby por suas aquisições territoriais na Ásia, seu segundo objetivo – a inclusão de uma cláusula de igualdade racial no Preâmbulo da Convenção da Liga das Nações – não foi atingido. Liderada por Saionji Kinmochi, um *genrô* e ex-primeiro-ministro do país, a delegação do Japão propôs a seguinte cláusula na conferência:

> Considerando que a igualdade entre os países é um princípio básico da Liga das Nações, os signatários concordam em estabelecer de imediato a todos os Estados nacionais membros da Liga um tratamento justo, igualitário e sem distinções de fato e de direito por motivos de raça ou nacionalidade.

Na verdade, a maioria das dezessete delegações votou a favor da cláusula, inclusive os representantes não europeus (com exceção dos Estados Unidos). Em princípio, isso significava que a moção poderia ser levada adiante. Porém, o presidente norte-americano Woodrow Wilson, que presidia a sessão, vetou a decisão, afirmando que, apesar de ser apoiada pela maioria, tratava-se de uma moção que provocava tamanha resistência que precisaria ser aprovada por unanimidade. Na prática, Wilson estava se referindo à oposição dos britânicos, para quem tal medida representaria o fim de seu império, e o governante norte-americano percebeu que a recém-criada Liga das Nações precisava muito mais do apoio dos britânicos que dos japoneses para continuar existindo (principalmente depois de os próprios Estados Unidos não terem conseguido uma vaga como membro permanente).

O fracasso em Versalhes não foi bem digerido no Japão, e houve inclusive protestos nas ruas. Para muitos analistas da época (e mais recentes também), foi mais uma demonstração de racismo por parte dos ocidentais, ecoando a dubiedade com que os japoneses foram tratados quando da Intervenção Tripla. O sentimento de injustiça foi intenso, principalmente se considerando que na virada da década de 1920 o país já tinha se transformado definitivamente em uma democracia constitucional com um poderio imperialista e uma economia em ascensão, ou seja, atingido todos os critérios objetivos para entrar no clube das nações modernas, mas sua entrada continuava a ser barrada. No fim, parecia que ser moderno não era suficiente: o Japão jamais seria considerado um igual nas relações internacionais enquanto continuasse sendo comandado por japoneses. Essa era a única coisa a respeito da qual o Japão nada podia fazer, e diante disso a atitude tomada pelos japoneses foi continuar afirmando sua identidade de maneira cada vez mais assertiva. Os acontecimentos em Versalhes inflamaram os românticos e chauvinistas locais, que já vinham tentando redescobrir, reinventar ou simplesmente proteger a "essência japonesa" no contexto moderno fazia um bom tempo.

Apenas dois anos depois, a Grã-Bretanha abriu mão da aliança anglo-japonesa em troca de um pacto de cooperação naval que envolvia mais três nações além do Japão: Estados Unidos, França e Itália. O chamado Tratado Naval de Washington de 1921, um entre vários documentos do mesmo tipo assinados durante aquela década, obrigava os cinco signatários a manter uma proporção prefixada de poderio naval (mensurado pela tonelagem dos principais navios de combate). Para o Japão, a proporção foi fixada em comparação à Grã-Bretanha e aos Estados Unidos em uma taxa de 5:5:3, o que significava que a marinha japonesa seria sempre menos poderosa do que a dos países que rejeitaram sua proposta de igualdade racial. Mas talvez a gota d'água para os japoneses que enxergavam um racismo sistemático por parte do mundo anglo-americano tenham sido as novas leis de imigração que entraram em vigor nos Estados Unidos em 1924, que proibiam com todas as letras a entrada de asiáticos no país.

Infelizmente, essa percepção de um ambiente internacional hostil coincidiu com o colapso econômico do Japão depois do estouro da bolha do período de guerra e de um desastre natural de enormes proporções – o grande terremoto de Kanto de 1923, que deixou 150 mil mortos e desaparecidos e destruiu meio milhão de habitações em Tóquio. No final do período Taishô, o Japão vivia uma depressão, e os conglomerados *zaibatsu* (como Mitsubishi, Mitsui e Sumitomo) começavam a exercer um predomínio sobre a economia, aproximando-se cada vez mais dos partidos políticos e das Forças Armadas quando os bancos privados começaram a falir. Isso significava que a riqueza do país estava se concentrando cada vez mais em algumas poucas mãos e que a maior parte das populações urbanas vinha sofrendo para manter seu padrão de vida. Portanto, logo no início do período Shôwa, marcado pela crescente militarização do país, o Japão estava mais uma vez à beira de uma transformação: a janela da democracia aparentemente estava se fechando.

O início do período Shôwa e a guerra no Pacífico

Com a quebra da Bolsa de Nova York em 1929, a depressão econômica se espalhou pelo globo. O Japão desvinculou o iene do padrão ouro em 1931 e viu seu valor cair em 50% em relação ao dólar. A taxa de desemprego cresceu drasticamente, chegando em pouco tempo aos 20%. Nos centros urbanos, onde a vida moderna do período Taishô parecia tão atraente, o lado negro da modernidade não demorou a se revelar. Entre os intelectuais, os assuntos dominantes passaram a ser a crise do capitalismo e a angústia da vida moderna. Apesar de ter sido posto na ilegalidade pela Lei da Preservação da Paz de 1925, o movimento comunista fervilhava nas universidades. Outrora símbolo da elegância urbana, o termo *moga* – usado para designar as garçonetes e vendedoras de lojas – aos poucos foi adquirindo uma conotação de eufemismo para prostituição no imaginário popular. A modernidade ganhou contornos de uma infecção que ameaçava a alma e até mesmo a sobrevivência dos japoneses, algo bem diferente da bonança material que um dia representara. O povo do Japão, que já vinha em dificuldade desde a segunda metade da década de 1920, voltou-se contra os partidos políticos, sob a acusação de que eram "cães de guarda do capitalismo". Os movimentos políticos clandestinos começaram a causar inquietação.

No início dos anos 1930, a violência no campo da política atingiu níveis alarmantes, o que levou um grande número de analistas a se referir a esse período como o da "governança pelo assassinato". A primeira vítima foi o primeiro-ministro Hamaguchi Osachi, morto a tiros na Estação de Tóquio por um membro de um grupo ultranacionalista em 1930, depois de ter fracassado na missão de conseguir um tratado naval mais justo com britânicos e norte-americanos na Conferência Naval de Londres. No ano seguinte, as autoridades descobriram e desbarataram duas tentativas diferentes de golpe de Estado. Em 1932, o novo primeiro-ministro, Inukai Tsuyoshi, foi assassinado por um agrupamento clandestino de oficiais da marinha por não apoiar as ações do Exército Imperial de Kwantung na Manchúria. Essa série de eventos ocorrida em um curto espaço de tempo minou o poder do regime parlamentarista e levou a uma militarização ainda maior do governo do país. Apesar de grande parte do país condenar essa mudança de rumo, os militares contavam com um apoio popular significativo, principalmente nas zonas rurais. A promessa de uma grandeza imperialista, de um retorno à glória do período Meiji, proporcionava uma distração irresistível dos problemas enfrentados na época.

Enquanto isso, as Forças Armadas se tornavam cada vez mais sectárias e insubordinadas. O Exército de Kwantung em particular, criado em 1906 para proteger os interesses japoneses na Manchúria, começou a se manifestar a favor de uma ação mais efetiva. Seu comandante de campo, o coronel Ishiwara Kanji, tinha uma visão milenarista a respeito do advento de uma "guerra final", em que as nações do mundo seriam punidas pela corrupção moral representada pela modernidade. Sua solução para isso era que o Japão tomasse a Manchúria e usasse a região como um laboratório social para testar novas e melhores formas de organização; sua intenção era criar uma sociedade pós-capitalista baseada em princípios altruístas, mas de motivação majoritariamente budista, e não comunista. Para isso, sem o consentimento de Tóquio, o Exército de Kwantung orquestrou um ataque ao sistema ferroviário da Manchúria, cuja proteção era sua responsabilidade. Os soldados explodiram um trecho da estrada de ferro perto de Mukden e culparam as forças chinesas locais pelo ataque, usando isso como pretexto para lançar uma ofensiva a fim de ocupar formalmente a Manchúria. Em Tóquio, esse fato consumado foi recebido com perplexidade pelo primeiro-ministro Inukai, que se recusou a oficializar a anexação da Manchúria como colônia japonesa. Apenas depois de seu assassinato o Estado fantoche de Manchukuo pôde ser estabelecido, em março de 1932. O "Incidente da Manchúria" marcou o início da chamada Guerra dos Quinze Anos entre China e Japão. Em meio à depressão em que o Japão estava mergulhado, a maioria da população reagiu com euforia às vitórias do Exército de Kwantung, que significavam a expansão de seu império.

A comunidade internacional, representada pela Liga das Nações, na qual o Japão tinha um papel de protagonista, condenou a ocupação e se recusou a reconhecer Manchukuo como um Estado independente. O Relatório Lytton estabelecia que o Japão retirasse suas forças da Manchúria em 1933. Na prática, porém, isso não teve muito efeito. Para os japoneses, a condenação da Liga apenas confirmava a duplicidade de critério das potências ocidentais, principalmente dos britânicos, que dominavam o conselho. A única atitude tomada pelo Japão foi se retirar da Liga das Nações, sob o argumento de que iria "seguir seu próprio caminho na Ásia", insinuando que a Liga era mais uma organização de interesse regional do que universal (uma acusação que, aliás, tinha seus fundamentos). Como consequência, muitos japoneses encararam essa medida como uma confirmação da crença de que as potências ocidentais tinham uma postura racista em relação ao Japão e à Ásia como um todo; o país foi se isolando da comunidade internacional, criando uma necessidade cada vez maior, portanto, de incrementar seu poderio militar.

A ideia de "seguir seu próprio caminho na Ásia" teve desdobramentos imediatos no Japão. Em um período de cinco anos, os militares se apropriaram de cerca de 75% do orçamento nacional, e a maior parte das decisões a respeito da política externa e das demandas orçamentárias domésticas era tomada por facções das Forças Armadas, cujos líderes tinham acesso direto ao imperador, graças ao princípio de independência do comando supremo estabelecido pela Constituição Meiji. Inspirado pelos escritos radicais de Kita Ikki, opositor do que tinha sobrado da política de partidos e defensor do argumento de que o verdadeiro espírito imperial da Restauração Meiji havia se perdido, um grupo de oficiais da chamada Facção da Via Imperial (*kôdô-ha*) perpetrou uma tentativa de golpe de

Estado. Em 26 de fevereiro de 1936, eles ocuparam o centro de Tóquio, executaram o ministro das Finanças e o ex-primeiro-ministro Saitô, mas acabaram assassinando por engano o cunhado do primeiro-ministro Okada no lugar do próprio governante. O grupo então se dirigiu ao imperador para anunciar a Restauração Shôwa, que o colocaria no controle do Exército Imperial e daria início a um novo período de glória imperialista para o Japão.

O imperador, ao que tudo indica, reagiu mal a essa ruptura deliberada da ordem constitucional, e o golpe foi enfim debelado pelas tropas da Facção do Controle (*tôsei-ha*), da qual fazia parte o futuro primeiro-ministro e general Tôjô Hideki. No entanto, em vez de reduzir o poder concentrado nas mãos dos militares, o golpe serviu apenas para consolidar o prestígio da Facção do Controle.

Em uma tentativa de reprimir os militares, o último *genrô* ainda vivo, Saionji Kinmochi, recomendou que o príncipe Konoe Fumimaro fosse nomeado primeiro-ministro. Entretanto, nem mesmo o eminente Konoe foi capaz de conter a ambição dos militares. Poucas semanas depois de ele ter assumido o cargo, em 7 de julho de 1937 o Exército Imperial entrou em confronto com soldados chineses na Ponte Marco Polo, ao sul de Pequim. Não ficou claro quem abriu fogo primeiro, mas muitos historiadores afirmam que o exército japonês usou esse incidente como um pretexto para uma guerra. O que quer que tenha acontecido, é inegável que o Exército Imperial tinha a intenção de ampliar sua atuação na China.

No fim, o próprio Konoe se tornou um defensor do expansionismo japonês. Em vez de tentar restringir as ações de seu exército em território chinês, ele autorizou a escalada do conflito, e os japoneses imediatamente empreenderam uma ofensiva em massa. Em dezembro daquele ano, as tropas japonesas já tinham avançado para o sul de Pequim e chegado a Xangai e Nanquim. A conduta do

Exército Imperial em Nanquim foi repugnante e inexplicável. Depois de render e assassinar as forças de defesa locais, os japoneses reuniram dezenas de milhares de civis e estupraram e mataram cerca de 20 mil mulheres de todas as idades. O número de vítimas segue sendo contestado até hoje, com estimativas que variam de dezenas de milhares até 300 mil mortes. E essa terrível onda de violência se arrastou por quase dois meses. A questão do porquê de o Exército Imperial ter se comportado de maneira tão brutal, e de o Alto Comando ter permitido que tais atrocidades continuassem sendo praticadas por tanto tempo, nunca foi respondida de maneira satisfatória.

Um pequeno grupo de revisionistas de direita contemporâneos afirma que o Massacre de Nanquim jamais aconteceu; eles alegam que foi um fato inventado pelos Aliados ao término da guerra para continuar punindo e vitimizando os japoneses. Um exemplo notório desse ponto de vista pode ser encontrado no controverso mangá *Sensôron* ("Sobre a guerra", 1998), de Kobayashi Yoshinori. Alguns livros japoneses de história para alunos de ensino médio se referem a esses eventos com a denominação neutra de Incidente de Nanquim (*Nankin jiken*) em vez de Massacre de Nanquim (*Nankin daigyakusatsu*), fato que gerou protestos na China por sua negação implícita dos crimes cometidos. Essa "controvérsia dos livros didáticos", que também envolve eufemismos na retratação do fato de o Exército Imperial ter usado mulheres chinesas como escravas sexuais, ainda é motivo de conflito até os dias de hoje. Historiadores como Ienaga Saburô abriram processos judiciais contra o Ministério da Educação por tentar censurar a divulgação às claras das atrocidades cometidas pelos japoneses durante a guerra. A luta de Ienaga ficou famosa no mundo todo: Noam Chomsky indicou seu nome para o Prêmio Nobel da Paz em duas ocasiões (em 1999 e 2002).

Depois do rápido avanço japonês rumo ao sul, a guerra na China ficou mais equilibrada a partir do final de 1938. Motivado pelo Pacto Anti-Comintern, firmado com a Alemanha nazista em 1936 (e com a Itália em 1937), o exército Japonês decidiu concentrar suas forças em uma invasão à Sibéria. No entanto, a épica batalha de tanques de Nomohan no segundo semestre de 1939 teve resultados tão desastrosos (tanto para os japoneses quanto para os soviéticos) que os planos de um avanço em direção ao norte foram abandonados, e o Japão assinou em 1941 um Tratado de Neutralidade com a União Soviética (que se seguiu ao Pacto de Não Agressão firmado por Hitler no final de 1939).

Com a estabilidade no norte e uma situação de estagnação na China, as forças imperiais começaram a considerar outras possibilidades. Depois de assinar o Pacto Tripartite com a Alemanha e a Itália em 1940, que tinha como verdadeiro alvo os Estados Unidos, o Japão se sentiu à vontade para se dirigir mais para o sul, para a Indochina, pois o regime francês de Vichy era obrigado a colaborar com os aliados da Alemanha. A essa altura, o presidente Roosevelt, em meio às discussões sobre a manutenção da neutralidade dos Estados Unidos, resolveu tomar uma atitude e impor um embargo ao fornecimento de petróleo para o Japão até que o país retirasse suas tropas da China. Nessa mesma época, depois de unificar todos os partidos políticos na *Taisei yokusankai* (Associação de Assistência ao Poder Imperial) e todos os sindicatos trabalhistas na *Sanpô* (Federação Patriótica do Serviço Industrial), Konoe foi substituído pelo general Tôjô Hideki, que em um acúmulo sem precedentes de cargos se tornou primeiro-ministro e ministro do Exército, além de continuar atuando como general.

Tôjô encarou o embargo norte-americano como uma tentativa de colocar uma corda no pescoço do Japão

10. Ataque a Pearl Harbor, 7 de dezembro de 1941. O *USS Maryland* pode ser visto ao lado do emborcado *USS Oklahoma*, enquanto o *USS West Virginia* arde em chamas.

e resolveu tomar uma atitude drástica para se livrar da situação. Em vez de capitular mais uma vez diante da pressão anglo-americana, Tôjô decidiu lançar uma nova ofensiva no Sudeste asiático, contra os territórios britânicos e holandeses, além de empreender um ataque direto à Frota Americana do Pacífico em Pearl Harbor. Em 7 de dezembro de 1941 (8 de dezembro no Japão), a marinha japonesa explodiu dois encouraçados, dois destróieres e quase duzentas aeronaves, além de causar danos em quase uma dezena de embarcações. O ataque fez aproximadamente 4 mil vítimas do lado norte-americano, entre mortos e feridos. Os japoneses, por sua vez, perderam cerca de 30 aeronaves e 65 homens.

Assim como o ataque a Port Arthur em 1904, a ofensiva contra Pearl Harbor se deu antes que uma declaração de guerra fosse formalizada. Na verdade, a declaração só foi feita depois do ataque por causa da Embaixada Japonesa em Washington, cujos funcionários demoraram demais para decodificar e traduzir a mensagem. Seja como for, o fato de ter sido um "ataque surpresa" (e a maneira como ele foi explorado posteriormente pela máquina de propaganda governamental) foi suficiente para mobilizar a opinião pública norte-americana contra o Japão, incitando o apoio popular à Guerra do Pacífico. Por outro lado, Tôjô e os estrategistas de Tóquio imaginavam que o ataque a Pearl Harbor seria tão devastador que os norte-americanos perderiam o ímpeto de enfrentar o Japão e se renderiam rapidamente. A visão mais disseminada dos Estados Unidos entre os japoneses da época era a de uma cultura de produtos descartáveis, prédios altos e vacuidade moral: a modernidade levada às últimas consequências. Esse foi talvez o maior erro de cálculo por parte de Tôjô.

De qualquer forma, a ofensiva contra Pearl Harbor foi considerada uma grande vitória japonesa contra os Estados Unidos. Cingapura e a Península da Malásia foram tomadas logo em seguida dos britânicos. As Filipinas foram ocupadas, e as Índias Orientais Holandesas também passaram para o controle do Exército Imperial. Em 1942, o império japonês se estendia de Sakhalin, ao norte, até os arquipélagos do Sudeste Asiático, passando por Manchukuo, Coreia, Taiwan e algumas regiões da China. Em Tóquio, foi formado um Ministério da Grande Ásia Oriental para administrar os territórios do império dentro de um conceito de "esfera de coprosperidade" (*kyôeiken*). Isso resumia a essência do que significava para o Japão "seguir seu próprio caminho na Ásia".

A ideologia de um império anti-imperialista

Em novembro de 1943, os líderes das nações subjugadas (ou "estados membros") foram convocados para ir a Tóquio participar da primeira e única Conferência da Grande Ásia Oriental, na qual as diferentes delegações foram convidadas a discutir a melhor maneira de organizar a esfera de coprosperidade para o benefício de todos os seus membros. O pan-asianismo, ideia que já vinha borbulhando na opinião pública japonesa desde o período Meiji, tornou-se a base da retórica do império japonês. Na verdade, o governo vinha encontrando dificuldades para administrar seu império em expansão e descobriu (tarde demais) que era preciso cultivar boas relações com suas colônias. Os japoneses perceberam também (mais uma vez tardiamente) que alguns povos asiáticos estavam descontentes com o imperialismo ocidental e teriam se unido de bom grado a um movimento cujo objetivo fosse de fato expulsar os ocidentais do continente. Àquela altura, porém, qualquer pretensão de afirmar que o império japonês era uma iniciativa anti-imperialista parecia absolutamente ridícula, quase uma ofensa.

Até mesmo dentro do próprio Japão a retórica da esfera de coprosperidade vinha sendo duramente contestada. Em 1933, Konoe formou um grupo de conselheiros, o *Shôwa Kenkyûkai*, encarregado de planejar uma nova ordem para a Ásia Oriental. Entre seus membros estava o filósofo Miki Kiyoshi, da Escola de Kyoto, cujo ensaio *Shin Nihon no shisô genri* ("Princípios intelectuais do Novo Japão", 1939) ajudou a estabelecer os parâmetros de uma visão do Japão e da Ásia Oriental que superasse o conceito de modernidade e desafiasse o imperialismo ocidental. Em uma tentativa de "esclarecer a coletividade nacional" em relação a essas questões, o Ministério da Educação publicou o célebre *Kokutai no hongi* ("Princípios fundamentais de nossa comunidade nacional") em 1937. Entre 1941 e 1942, outros quatro membros da Escola de Kyoto, Nishitani Keiji, Kosaka Masaaki, Suzuki Shigetaka e Koyama Iwao, organizaram uma série de seminários públicos com os temas "O ponto de vista geográfico-histórico e o Japão", "A ética e a autenticidade histórica da esfera de coprosperidade da Ásia Oriental" e "A filosofia da guerra total". Intelectuais de outras escolas de pensamento também se juntaram à discussão no famoso simpósio "Superando a modernidade", realizado em julho de 1942. Até mesmo o pai da filosofia japonesa moderna, Nishida Kitarô, participou do debate com um breve ensaio (aparentemente destinado ao próprio Tôjô) intitulado "Princípios para uma Nova Ordem Mundial".

Os assuntos discutidos nesses debates eram de vital importância: como o Japão poderia superar a hegemonia cultural da modernidade, ou ocidentalização, transformando esse conceito importado em uma modernidade nacional autêntica? Como o Japão poderia ajudar os outros países da Ásia a fazer o mesmo? E, por fim, como construir uma ordem regional que se estendesse às demais nações asiáticas sem que isso significasse a constituição de um império? As respostas encontradas para essas perguntas seguem sendo contestadas até hoje, e o debate sobre como superar a modernidade (caso isso seja de fato possível) ressurgiu no pós-guerra como um desejo por parte dos japoneses de manter sua identidade em um mundo cada vez mais norte-americanizado.

Na verdade, quando da realização da Conferência da Grande Ásia Oriental, o Japão já estava perdendo a guerra. Depois da derrota na Batalha de Midway em junho de 1942, quando o Japão perdeu alguns porta-aviões de suma importância para seus intentos, o impulso inicial do conflito se reverteu. Em julho de 1944, quando as tropas norte-americanas capturaram Saipan, o território japonês se tornou acessível aos bombardeiros aliados, e suas chances de vitória se tornaram nulas. Tôjô renunciou ao ministério nesse mesmo mês, e em fevereiro de 1945 o príncipe Konoe recomendou a rendição ao imperador, a fim de poupar seu povo de um sofrimento ainda maior: as circunstâncias da "guerra total" haviam reduzido boa parte do Japão à pobreza extrema e à fome; e os ataques e bombardeios aéreos vinham tornando as grandes cidades praticamente inabitáveis. Não existem informações exatas sobre quem se recusou a assinar a petição, se foi o próprio Hirohito ou seus oficiais mais graduados, que ainda acreditavam na possibilidade de uma *tennôzan* (vitória divina). Seja como for, os japoneses continuaram a lutar de uma maneira cada vez mais feroz e desesperada: os esquadrões suicidas chamados de *kamikaze* (literalmente "vento divino", mas que oficialmente eram designados como "unidades especiais de ataque", ou *okubetsu kôgeki tai*) foram usados para bombardear embarcações aliadas; durante a sangrenta Batalha de Okinawa, milhares de civis japoneses enfrentaram os invasores norte-americanos com paus, pedras e punhos, recuando para as montanhas quando já não havia lugar para ir e cometendo suicídio para não caírem prisioneiros. Quando Okinawa enfim sucumbiu, o saldo foi de 250 mil japoneses mortos, entre eles 150 mil civis.

É nesse contexto de fanatismo que os historiadores tentam analisar a necessidade do ataque com bombas atômicas a Hiroshima e Nagasaki. De fato, essa dedicação extrema de civis e militares japoneses levou o governo norte-americano a designar uma antropóloga para tentar obter uma explicação para tanto empenho e determinar o que seria preciso para conseguir uma vitória definitiva. O resultado desse esforço, a famosa monografia de Ruth Benedict, intitulada *O crisântemo e a espada* (publicada em forma de livro em 1946), deu início ao ramo de Estudos do Japão Moderno e suas relações com o governo norte-americano em particular.

Depois de ameaçar a "destruição total e imediata" do Japão na Declaração de Potsdam, de 26 de julho, os

Estados Unidos bombardearam Hiroshima no dia 6 de agosto de 1945, a União Soviética invadiu os territórios do norte do Japão no dia 8 e os norte-americanos bombardearam Nagasaki no dia 9 do mesmo mês. A situação dos japoneses era insustentável. Ainda assim, os altos oficiais e o ministro da Guerra declararam que aceitariam a rendição somente se os Aliados garantissem a sobrevivência do imperador. Os norte-americanos se limitaram a responder que deixariam o futuro do Japão a cargo dos próprios japoneses, o que não foi suficiente para tranquilizar a elite do país, que sempre teve uma atitude de desconfiança em relação às massas. Por fim, o próprio imperador Hirohito interveio no dia 14 de agosto para encerrar o impasse, aceitando a rendição e comunicando-a em um pronunciamento via rádio a sua nação dilacerada no dia seguinte. Em 2 de setembro, a bordo do *USS Missouri*, atracado na Baía de Tóquio, o documento que oficializava a rendição foi assinado.

Em virtude do nível de danos e de sofrimento causado, o uso da bomba atômica contra as duas cidades japonesas, em especial Nagasaki, continua sendo contestado até hoje. Um dos questionamentos mais recorrentes é se esses ataques eram mesmo necessários ou se o Japão na verdade já tinha perdido a guerra. O país não dispunha mais de recursos nem de aliados, sua marinha estava em frangalhos, suas cidades eram vulneráveis a ataques aéreos e o que restou de seu exército precisava combater uma ofensiva que combinava as forças dos Estados Unidos, da Grã-Bretanha, da União Soviética e da emergente China. O uso dessas bombas não poderia ter sido evitado? Surgiram várias teorias a respeito desse fato, inclusive uma afirmando que o lançamento das armas atômicas era parte de um experimento científico dos norte-americanos para testar seu efeito em uma área urbana densamente povoada, ou então que seu verdadeiro objetivo era intimidar

11. A nuvem em forma de cogumelo sobre Hiroshima chegou a mais de 6 mil metros de altura.

a União Soviética, já prevendo uma nova ordem mundial marcada pela Guerra Fria. Quando questionado sobre a decisão de despejar as bombas, no entanto, o secretário de Guerra dos Estados Unidos, Henry Stimson, se limitou a dizer: "Não parece sensato para o combatente mais forte moderar seus golpes quando seu oponente começa a dar sinais de arrefecimento".

Em seu famoso pronunciamento via rádio ao povo do Japão, o imperador Hirohito destacou as bombas atômicas como um dos motivos para sua decisão de se render. Ele ressaltou a força moral e espiritual da nação japonesa (e de todos os povos da Ásia Oriental), mas reconheceu desolado que a superioridade tecnológica havia pesado na balança para desequilibrar a guerra: no fim das contas, o Japão havia sido superado pela modernidade. As palavras de Hirohito traziam um alerta de que o uso desse tipo de tecnologia ameaçava pôr um fim à própria civilização. O sentido de suas palavras pode ser discutido, mas a essência de seu discurso sugere que os japoneses não deveriam permitir que o poder da tecnologia material destruísse sua motivação ou fizesse com que abrissem mão de seu orgulho nacional; se a tecnologia determinasse os rumos de tudo, qual seria o destino do espírito que nos torna humanos?

O Japão do pós-guerra não poderia abrir mão de sua herança espiritual diante do bombardeio da tecnologia moderna.

Capítulo 4

Milagres econômicos e a criação de uma sociedade pós-moderna

Um novo começo: a ocupação norte-americana

Em seu primeiro pronunciamento via rádio ao povo do Japão, em 15 de agosto de 1945, o imperador Hirohito conclamou seus súditos a "tolerar o intolerável e suportar o insuportável". O invencível e sagrado Império do Japão havia sido derrotado; apesar de todos os esforços e sacrifícios, e de todo o sofrimento, o Japão no fim sucumbiu. Com um tom de voz surpreendentemente agudo e se expressando em uma linguagem arcaica que muitos não eram capazes de entender, o imperador se desculpou pelo fato de "a guerra ter transcorrido de tal forma que não necessariamente trouxe vantagem ao Japão". Ele transmitiu seu sentimento de tristeza não apenas aos próprios japoneses, mas também (em um resquício da retórica da esfera de coprosperidade) aos aliados do Japão na Ásia Oriental. Com uma dubiedade intrigante, que manteria historiadores e analistas ocupados por décadas a fio, Hirohito encorajou o Japão a *tolerar* as mudanças que inevitavelmente se seguiriam, para que o país pudesse "se manter em compasso com os progressos do mundo", como se as reformas que viriam fossem meras medidas instrumentais para garantir a sobrevivência da "glória inata do estado imperial". Da mesma forma como os revolucionários do período Meiji haviam evocado o lema *wakon yôsai* (tecnologia ocidental com espírito japonês) como uma estratégia para modernizar o Japão preservando sua essência, Hirohito parecia sugerir que uma reedição dessa estratégia poderia ser usada também no período do pós-guerra.

As reações à notícia da derrota foram as mais diversas. Por um lado, houve manifestações compreensíveis de perplexidade e desespero: depois de tudo a que a população fora submetida, e depois de tudo que havia sido dito sobre as glórias do Exército Imperial, como era possível que o império eterno tivesse sido derrotado pelos decadentes e moralmente falidos países ocidentais? Para alguns, o desespero ganhou contornos de desonra, e aproximadamente 350 militares cometeram suicídio por terem falhado em seu dever de proteger sua terra natal. Houve também um sentimento de medo e apreensão, pois a imagem que se tinha dos norte-americanos entre o povo japonês era a de monstros que saqueariam o país e estuprariam suas mulheres. Já entre aqueles que estavam em uma posição de poder e influência, o medo era algo mais bem direcionado, e a noite de 15 de agosto foi iluminada pelas fogueiras que queimaram arquivos e documentos comprometedores. Para muitos outros japoneses, no entanto, o fim das hostilidades e a perspectiva da chegada dos norte-americanos trouxeram um sentimento de alívio e até de esperança: a guerra fora uma provação terrível, e talvez o tempo de mudança houvesse chegado.

A realidade da ocupação foi capaz de atender às expectativas de todos. Houve, sim, um certo nível de humilhação imposto aos japoneses. Uma das primeiras medidas do governo japonês foi organizar "estações de conforto" (ou seja, bordéis) para os soldados norte-americanos. As forças de ocupação não perderam tempo em desfrutar desse generoso presente, embora no fim tenham banido os prostíbulos estatais em janeiro de 1946 por configurar uma violação aos direitos humanos das mulheres (apesar de a prostituição continuar sendo uma atividade legalizada). Houve também um certo nível de sofrimento e miséria, já que a economia nacional estava em frangalhos, apesar de a tensão da guerra não se fazer mais presente. O contraste com os bem alimentados norte-americanos era visível, e uma atmosfera melancólica de depressão se instalou nos principais centros urbanos. Ao mesmo tempo, porém, a ocupação trouxe oportunidades para quem tinha espírito empreendedor – e não só para cafetões e prostitutas, mas também para tradutores e negociantes de todos os tipos. E, no fim das contas, não demorou a ficar claro que o comandante supremo das Potências Aliadas, o general norte-americano Douglas MacArthur, tinha grandes planos para a reconstrução do Japão – logo haveria novas oportunidades para todos.

Embora a ocupação do Japão tecnicamente fosse uma iniciativa multilateral sob a supervisão da Comissão do Extremo Oriente (que tinha representantes de Austrália, Grã-Bretanha, Canadá, China, França, Filipinas e Holanda), na prática ficou claro desde o início que os norte-americanos comandariam o show. A União Soviética tentou uma participação mais ativa no Conselho Aliado instalado no Japão, mas MacArthur já empreendera reformas significativas no país antes mesmo da primeira reunião do órgão, em fevereiro de 1946. Para o governo norte-americano, era fundamental que o novo Japão fizesse parte de sua esfera de influência na ordem internacional que surgiria no pós-guerra.

Apesar da liberdade de ação concedida a MacArthur, ele optou por uma tática de governança indireta, a fim de maximizar a eficácia de suas medidas. Reconhecendo o valor simbólico do cargo, decidiu imediatamente que o imperador deveria ser mantido e preservado. Na verdade, inferindo algo que parecia ser lugar-comum em toda a história do país, ele temia que a abolição do império tornasse o povo japonês ingovernável. Além disso, por questões práticas de ordem linguística, MacArthur era obrigado a se valer de uma equipe de tradutores e intérpretes japoneses para efetivar suas medidas, um corpo bilíngue de técnicos que fazia a ponte entre seu quartel-general governamental e o governo do Japão em si, que também foi mantido. O resultado foi que as autoridades japonesas puderam desfrutar de uma sensação (que até certo ponto também se provava na prática) de continuidade, de que estavam envolvidas no processo decisório, o que ajudou MacArthur a impor suas reformas, mas por outro lado deixou intocados certos segmentos da burocracia japonesa que se mantinham desde a época do pré-guerra.

12. MacArthur e Hirohito, em 1945.

Os planos reformistas de MacArthur eram ambiciosos. Convencido de que os grandes problemas do Japão da época da guerra eram o autoritarismo, o militarismo e o fascismo, ele estabeleceu seu planejamento com base em duas "soluções para o Japão moderno": desmilitarização e democratização.

A mais simples das duas foi a primeira: MacArthur imediatamente dissolveu as Forças Armadas japonesas, tanto no território do país como no exterior, o que significou a repatriação de quase 7 milhões de pessoas. Ele extinguiu a Polícia Especial (a chamada "polícia ideológica"), que monitorava crimes políticos e dissidências intelectuais durante a guerra, e então começou seu próprio expurgo político (removendo 200 mil pessoas de seus cargos no governo, nos órgãos burocráticos e nas empresas estatais). Como uma forma de resolver o problema do culto ao imperador sem se desfazer de sua figura, o comandante supremo retirou o status de religião oficial do xintoísmo e obrigou o imperador a negar publicamente sua divindade.

O ponto alto da campanha de desmilitarização se deu com o Tribunal Militar Internacional do Extremo Oriente (com os chamados Julgamentos de Tóquio), que se manteve em atividade entre maio de 1946 e novembro de 1948. Esses julgamentos, uma iniciativa semelhante à dos Julgamentos de Nuremberg, na Alemanha, geraram grande controvérsia, e as acusações de "justiçamento por parte dos vencedores" foram abundantes; de fato, um número muito maior de prisioneiros foi condenado à morte em Tóquio do que em Nuremberg, e alguns oficiais de alta patente foram executados pelo até então inédito crime de "conspirar para a guerra", e não por abusos cometidos durante o conflito em si. O caso mais exemplar nesse sentido foi o de Tôjô Hideki, considerado culpado e mandado para a forca por crimes de guerra e por conspirar para a guerra. No entanto, talvez o aspecto que mais chamou a atenção nesses julgamentos foi o fato de MacArthur manter o imperador longe do banco dos réus. Para um grande número de intelectuais japoneses do pós-guerra, como o cientista político Maruyama Masao, o fato de o imperador ter sido eximido de sua parcela de responsabilidade por tudo o que aconteceu na guerra acabou se tornando prejudicial ao segundo objetivo principal de MacArthur, a democratização do Japão, pois abriu um precedente perigoso o suficiente para abalar a noção de subjetividade política, um conceito essencial para a consciência democrática.

Por notar uma aparente conexão entre o militarismo e uma economia militarizada, MacArthur fez com que o início da democratização se desse com medidas visando à descentralização econômica. Ele implementou uma reforma agrária que obrigou os grandes proprietários a vender boa parte de seus domínios, garantindo assim o direito dos agricultores sobre as terras em que trabalhavam. Mas o grande destaque de seu plano de democratização econômica foi a ideia de dissolver os conglomerados *zaibatsu*, os quais MacArthur associava diretamente ao imperialismo japonês. O comando supremo tinha convicção de que esses conglomerados estavam por trás das motivações econômicas para a expansão territorial do Japão. No fim, entretanto, a dissolução dos *zaibatsu* foi implementada de forma incompleta. Em muitos casos, de controle familiar as empresas foram extintas, mas uma nova rede de negócios interligados rapidamente se formou em torno dos bancos que as substituíram. As entidades empresariais resultantes desse processo, que mantiveram muitas das características dos *zaibatsu*, ficaram conhecidas como *keiretsu*. Os nomes mais destacados do mundo dos negócios no Japão – Mitsubishi, Mitsui, Fuji, Sumitomo, Nissan – passaram incólumes pelo período pós-guerra.

13. Os Julgamentos de Tóquio dos crimes de guerra.

Em termos de medidas políticas e sociais para promover a democracia, o comando supremo declarou imediatamente que iria preservar todos os direitos e as liberdades individuais dos cidadãos japoneses. Pela primeira vez na história do país, foram decretados os direitos das mulheres e dos grupos minoritários. Já para promover a liberdade intelectual, foram implementadas reformas educacionais (em especial a abolição das aulas de "ética" em que o *Kokutai no hongi* era ensinado nas escolas durante a guerra), com o aumento do nível de escolaridade obrigatório (até o nono ano do ensino fundamental) e o expurgo de professores com ideologia política suspeita.

Além disso, o comando supremo proibiu a prática da censura pelos japoneses (apesar de exercer ele mesmo em certo grau a função de censor), o que na prática resultou na libertação dos simpatizantes do comunismo.

Na esfera política, o comando supremo incentivou a criação de novos partidos políticos, ainda que fossem apenas versões repaginadas das agremiações existentes na época da guerra. Mais uma vez, o que houve foi um continuísmo disfarçado de reforma. O *Seiyûkai* apareceu repaginado como *Jiyûtô* (o precursor do atual Partido Liberal Democrata), e o *Minseitô* ganhou o nome de *Shinpotô* (Partido Progressista). Depois de uma série de jogos de intrigas (e com o apoio velado da CIA), o pró-americano Yoshida Shigeru, líder do Partido Liberal, foi nomeado o novo primeiro-ministro em 1946, cargo no qual, entre idas e vindas, permaneceria durante os oitos anos subsequentes.

A cereja do bolo do esforço de democratização, no entanto, seria a promulgação de uma nova constituição em novembro de 1946 (que entrou em vigor em maio de 1947). A princípio, MacArthur considerava fundamental que a carta magna do país fosse de autoria dos próprios japoneses. Em outubro de 1945, ele encarregou o jurista Matsumoto Joji de formar um comitê para reelaborar a constituição até dezembro daquele ano (ou seja, antes da primeira reunião do Conselho Aliado para o Japão, do qual fazia parte a União Soviética). O chamado Comitê Matsumoto fez uma série de recomendações para o novo Japão, que incluía ampliação dos direitos (e dos deveres) do povo japonês. Por outro lado, o relatório de Matsumoto previa que a soberania nacional continuasse nas mãos do imperador (apesar de limitar as ocasiões em que seu poder seria acionado) e que a função dos políticos eleitos e dos ministros de Estado deveria ser a de conselheiros dele. MacArthur considerou o trabalho de Matsumoto totalmente inaceitável e ordenou a um comandante militar norte-americano, Courtney Witney, que elaborasse algo mais apropriado a seus intentos. No fim, em parte graças a um mal-entendido sobre a verdadeira natureza desse documento (que as autoridades japonesas encararam como uma imposição, e não como uma sugestão), foi o texto de Witney que ganhou força de lei em 1947, quase sem alteração alguma por parte dos japoneses.

A constituição de 1947, que tecnicamente foi promulgada por Hirohito como uma emenda à constituição Meiji, limitava o papel do imperador a "símbolo da unidade do povo japonês" e determinava que a soberania nacional pertencia ao próprio povo. Havia também a garantia dos direitos individuais nos moldes da constituição norte-americana e a previsão de um parlamento bicameral no estilo britânico. Em uma medida controversa, seu artigo 9 proibia o Japão de constituir um exército, uma marinha ou qualquer outra "força de guerra em potencial". Mais de sessenta anos depois, a constituição de 1947 detém a singular distinção de ser a mais antiga constituição em vigor no mundo sem sofrer nenhuma emenda.

No entanto, a orientação política do comando da ocupação mudou abruptamente a partir do final de 1947. O ambiente internacional vinha se alterando de forma drástica depois do estabelecimento da Cortina de Ferro na Europa e das primeiras derrotas das forças nacionalistas para os comunistas na China. As ambições ideológicas e territoriais da União Soviética foram ficando mais evidentes para os norte-americanos, o que fez com que a atenção de MacArthur se voltasse para o crescimento do movimento trabalhista e dos políticos de esquerda dentro do Japão, já que o próprio comando supremo havia libertado os comunistas da cadeia com a anistia do pós-guerra e legalizado o Partido Comunista Japonês em 1945. O recém-criado Partido Socialista Japonês havia obtido 92 cadeiras no parlamento (com 18% dos votos) na primeira eleição do pós-guerra, em 1946, número que subiu para 143 cadeiras (28% dos votos) em 1947. No final de 1947, portanto, o comando supremo começou a se dar conta de que o verdadeiro perigo no Japão não era o ressurgimento do fascismo, e sim a ascensão do comunismo, o que demandava uma mudança total de estratégia para encarar esse novo desafio.

Os primeiros sinais da chamada "reversão de rota" puderam ser vistos já no início de 1947, quando uma coalizão de sindicatos trabalhistas (que reunia 2 milhões de trabalhadores) tentou se valer dos direitos recém-adquiridos para organizar uma greve geral. A greve estava programada para o dia 1º de fevereiro, mas o comando supremo interveio no último momento e declarou a greve ilegal na noite de 31 de janeiro. Para muitos analistas, essa medida teve uma importância fundamental para a desmobilização do então emergente movimento sindical no Japão, e o número de trabalhadores sindicalizados caiu drasticamente depois disso (de 50% para menos de 25% da força de trabalho na década de 1960). A participação nos sindicatos permanece baixa até os dias de hoje, e a maioria deles é composta por pequenas agremiações cujos membros se restringem aos funcionários de uma única empresa, e não de uma categoria como um todo.

Em pouquíssimo tempo, os planos de MacArthur foram da desmilitarização e democratização para a remilitarização e estabilização econômica. O Japão passou a ser visto pelos Estados Unidos como seu aliado-chave no Pacífico para o combate ao comunismo. Para isso, o comando supremo promoveu um "Expurgo Vermelho", que destituiu 13 mil pessoas de cargos políticos e empresariais sob a acusação de estarem "dificultando os objetivos da ocupação", a mesma justificativa usada durante a remoção da direita do poder. Em alguns casos, o expurgo resultou literalmente na restauração ao cargo de seu ocupante nos tempos de guerra. Nessa mesma época, MacArthur abandonou sua campanha contra os *zaibatsu*, que vinha dando muito mais trabalho do que ele esperava e produzindo efeitos negativos sobre a economia. E, por fim, o conselho supremo pressionou o governo japonês a constituir uma força paramilitar chamada de Reserva Nacional de Polícia em 1950, que mais tarde formaria a base de uma instituição militar mais bem estabelecida; em 1952, ela se transformou na Agência Nacional de Defesa, e em 1954 se instituíram as Forças de Autodefesa do Japão, nome que o exército, a marinha e a aeronáutica japoneses mantêm até hoje. O fato de essas instituições militares representarem uma afronta ao artigo 9 da constituição de 1947 permanece sendo motivo de debates acalorados mesmo nos dias atuais.

Mas o problema mais sério para as forças de ocupação ainda era o estado periclitante da economia japonesa. Entre 1945 e 1949, a taxa de inflação disparou a ponto de fugir do controle, ameaçando seriamente a estabilidade política e econômica do país e provocando temores em Washington de que o povo do Japão pegasse em armas em nome de uma revolução comunista. Acima de qualquer coisa, era preciso construir a defesa do capitalismo com um muro de prosperidade, um "crescente de afluência" que deteria a expansão do comunismo na Ásia. A solução proposta foi convocar Joseph Dodge, banqueiro e executivo da indústria automobilística de Detroit, para reorganizar a economia japonesa e tentar reerguer o país. A chamada "Linha Dodge" na prática se revelou um plano de austeridade que promoveu um corte profundo nos gastos governamentais (abolindo subsídios e empréstimos governamentais e demitindo cerca de 100 mil funcionários públicos), descentralizou o controle sobre a circulação de moeda estrangeira e desvalorizou o iene em uma taxa favorável em relação ao dólar (360:1) a fim de promover as exportações. Essa taxa de câmbio, que ao longo do tempo foi depreciando ainda mais o valor da moeda japonesa, permaneceu em vigor até a década de 1970.

Apesar de a Linha Dodge ter sido capaz de pôr a inflação sob controle, havia todos os indícios de que no fim acabaria provocando a ruína do Japão. Então, em 1950, o primeiro-ministro Yoshida recebeu um "presente dos deuses": a Guerra da Coreia. A "chuva abençoada dos céus" veio na forma de encomendas de provisões de guerra no montante de 2 bilhões de dólares (que representaram 60% das exportações japonesas nos três anos seguintes); a receita com as vendas para o mercado externo triplicou, a produção industrial aumentou 70% e o PIB japonês começou a crescer a uma taxa de 12% ao ano.

Em vez da Linha Dodge, foi a Guerra da Coreia que estabeleceu as bases para o notável (e milagroso, até) crescimento econômico que o Japão viveu nos vinte anos seguintes. No início do conflito, o PIB japonês somava apenas 11 bilhões de dólares. Em meados dos anos 1950, já tinha crescido 250%. Na década de 1970, chegou aos 300 bilhões de dólares, o que elevou o país ao posto de terceira maior economia do mundo (atrás apenas dos Estados Unidos e da União Soviética).

O súbito e prolongado crescimento econômico, combinado com a promulgação da constituição de 1947 e o estabelecimento de uma força militar, determinou o fim da ocupação do Japão muito antes do que todos esperavam. Em setembro de 1951, em São Francisco, representantes de 48 nações assinaram o tratado oficial de paz com o Japão, prevendo o fim da ocupação para abril de 1952, apenas sete anos depois de seu início. Para acelerar o processo de retirada, os Estados Unidos firmaram acordos mútuos de defesa com outros de seus aliados estratégicos na Ásia, o que proporcionou aos vizinhos asiáticos dos

14. O primeiro-ministro Yoshida Shigeru.

japoneses a possibilidade de negociar em posição vantajosa tempos mais tarde os acordos de reparação pelos abusos cometidos em seu território durante a guerra. Para o governo norte-americano, era interessante pôr um fim à dispendiosa ocupação o quanto antes, consolidando ao mesmo tempo o Japão como um aliado-chave no tumultuado contexto asiático da Guerra Fria. Para isso, apenas duas horas depois de decretado o fim da ocupação, Japão e Estados Unidos assinaram um tratado de segurança que continua em vigor até hoje.

Por diversas razões, o Tratado de Paz de São Francisco foi motivo de muita controvérsia. Para muitos países, entre eles a Grã-Bretanha, seus termos não eram severos o suficiente com o Japão, já que não previam nem ao menos o pagamento de indenizações pelas vítimas do imperialismo japonês. Para a União Soviética e seus aliados europeus, a ideia da manutenção de tropas norte-americanas no país depois da ocupação era particularmente incômoda, o que levou à sua recusa em assinar o tratado. E, por fim, nem China nem Taiwan fizeram parte da conferência, já que ainda não estava claro para ninguém qual das duas nações seria reconhecida como "a verdadeira China". Dentro do Japão, os termos do tratado de paz também dividiram opiniões. Por um lado, os japoneses estavam contentes e aliviados por terem recuperado sua soberania, mas por outro essa soberania parecia ser apenas parcial, já que os Estados Unidos teriam bases militares dentro do território nacional e manteriam o controle sobre as ilhas de Okinawa durante um bom tempo (que acabou se estendendo até 1972). Além disso, o Tratado de Segurança Estados Unidos-Japão parecia uma faca de dois gumes, que, apesar de fornecer um certo nível de proteção a uma nação vulnerável como o Japão do pós-guerra, ao mesmo tempo ameaçava arrastar o país para o jogo turbulento e conflituoso da política externa norte-americana. As complexidades desse acordo ainda causariam problemas para a chancelaria japonesa durante muitas décadas.

A explosão do crescimento econômico

O início do período pós-guerra foi marcado por uma transformação notável na sociedade japonesa, talvez comparável apenas à modernização à qual o país se submeteu no início do período Meiji. E, na prática, a questão da identidade do Japão dentro da nova ordem mundial que surgia ao término da Segunda Guerra Mundial se mostrava tão premente quanto na época em que o país começou a fazer parte do mundo moderno, no século XIX. Muitos dos problemas a enfrentar eram os mesmos: o Japão se encontrava empobrecido e à mercê das grandes potências ocidentais, desta vez representadas pela superpotência dos Estados Unidos; suas tradições haviam sido renegadas, e um novo estilo de vida surgia, com a promessa de trazer muita riqueza e poder. Os paralelos eram evidentes para quem quisesse ver. Para alguns, o fim do regime da época da guerra e o advento de uma constituição democrática e pacifista representavam uma possibilidade de romper com o passado e criar um novo Japão. Para a maioria, porém, o que havia acontecido, o que tinha se perdido e o que poderia ser conquistado se misturavam em uma complexa mescla de desejos de continuidade e de renovação. Pela primeira vez na história do Japão, as escolhas em relação ao futuro pareciam estar nas mãos de seu próprio povo. Os anos 1950 e 1960 foram décadas de grande agitação política e cultural, apesar do bem-estar proporcionado pelo milagre econômico.

No entanto, com o pragmatismo que lhe é característico, a imensa maioria do povo se dedicou com afinco à tarefa de reconstrução do país, independentemente dos rumos que ele decidisse tomar. No início da década de 1950, o governo japonês deu início à sua primeira medida de "racionalização", que tinha como alvo as indústrias de base, em especial a produção de aço, ferro e carvão. Com uma injeção de aproximadamente 700 bilhões de ienes, a produção foi às alturas. Esse crescimento extraordinário, que transformou a falida indústria siderúrgica do Japão do pós-guerra na segunda mais rentável do mundo em

1959 (atrás apenas dos Estados Unidos), foi impulsionado não apenas pela demanda gigantesca das forças militares norte-americanas na Coreia, mas também por um fluxo intenso de novas tecnologias que chegavam dos Estados Unidos e da Europa. Como o Japão não era obrigado a investir em pesquisa e desenvolvimento (pois podia importar tecnologias já desenvolvidas), seu crescimento pôde se dar de maneira mais acelerada.

O crescimento da indústria siderúrgica impulsionou outros setores, como o da construção naval e (mais tarde) o das montadoras de automóveis. Apesar de sua tradição na indústria naval (o país era o terceiro maior fabricante de embarcações em 1935), os estaleiros japoneses estavam em frangalhos ao final da guerra. Mais uma vez, em parte pela demanda gerada pela Guerra da Coreia e em parte por causa da absorção de novas tecnologias, o Japão conseguiu recuperar sua capacidade de fabricação de embarcações em um ritmo notavelmente acelerado. Em 1960, o país já era líder mundial no setor. Em 1975, quase metade das novas embarcações produzidas no planeta era fabricada no Japão.

Muitas das gigantes montadoras japonesas foram fundadas durante o impulso econômico gerado pela Guerra da Coreia: Nissan, Toyota e Isuzu eram fornecedoras de veículos para as tropas norte-americanas, fabricados de acordo com as especificações dos militares, mas projetados e produzidos pelos próprios japoneses. Além de proporcionar um tremendo estímulo à indústria automobilística local, isso também garantiu aos fabricantes japoneses uma transferência gratuita de tecnologia que seria crucial para manter seu alto padrão de crescimento ao longo da década seguinte. O mercado doméstico de automóveis só decolou de fato no início dos anos 1960, já que a renda per capita do país permanecia muito baixa: em 1956, o Japão produziu apenas 100 mil veículos para consumo interno; em

1963, esse número era de 1 milhão; e, no final da década de 1960, quase 4 milhões. Em 1967, o Japão se tornou o segundo maior fabricante de carros do mundo.

E não foi só a indústria pesada que se beneficiou do período de explosão no crescimento econômico – o incremento da riqueza nacional exerceu um efeito dominó sobre outros setores, marcando o nascimento do mercado consumidor japonês. Empresas como Hitachi e Matsushita Electric começaram a fabricar máquinas de lavar roupa, televisores e refrigeradores – e a produção de cada um desses itens octuplicou ao longo dos anos 1950. Enquanto em 1956 apenas 1% dos lares japoneses tinham aparelhos de televisão, em 1960 esse número já havia ultrapassado os 50%.

Nos anos 1960, o crescimento foi ainda maior, para dizer o mínimo. O famoso plano do primeiro-ministro Ikeda de "dobrar a receita", posto em prática em 1960, tinha como objetivo duplicar o PIB nacional em um período de dez anos. Na verdade, esse plano, apesar de demonstrar uma ambição sem precedentes, acabou subestimando a capacidade de expansão da economia japonesa – o produto interno bruto do país triplicou entre 1960 e 1971, o que representa um crescimento médio de 12,1% por ano. No final dos anos 1960, o Japão já havia superado o déficit em sua balança comercial, fator que vinha restringindo periodicamente sua capacidade de crescimento até então.

Por outro lado, para quem gosta do termo "milagre econômico", é bom lembrar que todas as economias industriais do planeta experimentaram um crescimento acelerado entre 1950 e 1970. O crescimento da economia japonesa por si só não foi um fato excepcional, mas sua velocidade (mais de 10% ao ano) certamente sim. E a maioria dos analistas atribui esse "milagre" a um conjunto de fatores dos mais mundanos: o câmbio do iene em relação ao dólar, fixado em 360:1 pela Linha Dodge, foi mantido artificialmente nesse nível até 1971, aumentando ainda mais a desvalorização da moeda nacional, o que estimulava as exportações; assim como os países do mundo ocidental, o Japão se beneficiou de um regime comercial mais liberal estabelecido em Bretton Woods e no GATT; ao contrário dos países do mundo ocidental, o Japão não precisou comprometer muito de seu orçamento com despesas militares, já que desfrutava da proteção proporcionada pelo Tratado de Segurança Estados Unidos-Japão; como um membro tardio do clube das economias avançadas, e se aproveitando das regras comerciais mais liberais, o Japão pôde adquirir novas tecnologias sem precisar gastar tempo e dinheiro para desenvolvê-las; o crescimento demográfico acelerado foi acompanhado de uma expansão equivalente do sistema educacional. Talvez o fator mais discutido da "excepcionalidade" do crescimento japonês tenha sido o papel da burocracia e do gerenciamento econômico por parte do Estado. Pode-se dizer com certo grau de acerto que o Ministério da Indústria e do Comércio Internacional, em conjunto com outros ministérios (principalmente o das Finanças), desempenhou um papel importante no crescimento acelerado da economia japonesa por meio de uma *gyôsei shidô* (orientação administrativa) tanto em nível formal quanto informal. Contudo, existe um fator muito simples que não pode ser esquecido: o empenho, a ética de trabalho e o empreendedorismo dos japoneses. O velho clichê de que "os japoneses trabalham demais" não é gratuito: o típico *salaryman* trabalha em média doze semanas a mais por ano do que os europeus que exercem função semelhante apenas em virtude da jornada diária sempre estendida. Em troca dessa dedicação, as grandes empresas instituíram a prática de oferecer a seus funcionários um "emprego vitalício".

O crescimento acelerado trouxe muitas vantagens para o povo do Japão: uma nova classe média surgiu em pouquíssimo tempo, com aspirações e valores homogêneos, vivendo em subúrbios cada vez mais organizados em torno das cidades, com estradas asfaltadas e uma extensa malha ferroviária para se deslocar diariamente para o trabalho. O icônico Shinkansen (trem-bala) começou a circular já em 1964 entre Tóquio e Osaka, interligando os dois maiores mercados do país com uma agilidade e facilidade inéditas. Foi nesse ano também que Tóquio sediou orgulhosamente os Jogos Olímpicos – um sinal de que o Japão não só estava reinserido na comunidade internacional como havia se tornado um de seus membros mais ricos e respeitados. Nos anos 1950, os consumidores sonhavam com os "três tesouros" da vida doméstica (o televisor, o refrigerador e a máquina de lavar); pouco tempo depois, nos anos 1960, esses três tesouros já eram outros (o ar-condicionado, o automóvel e o televisor colorido).

Nos anos 1960, o sistema de educação superior do Japão atingiu níveis sem precedentes de acesso por mérito. O tempo em que as melhores universidades públicas (as antigas universidades "imperiais") eram restritas às famílias mais abastadas e de maior prestígio social ficara no passado; pela primeira vez na história do país (e talvez do mundo), a distribuição social dos ingressantes nas melhores universidades seguia a mesma proporção da pirâmide social japonesa como um todo. Essa era a melhor prova possível da alta qualidade e da distribuição homogênea das escolas de ensino fundamental e médio por todo o território japonês. Um dos efeitos colaterais desse sucesso foi que a concorrência pelas vagas nas universidades mais procuradas, principalmente a Universidade de Tóquio, tornou-se (e continua sendo) absurdamente severa. Os estudantes em época pré-vestibular estendem suas jornadas de estudo muito além do expediente já extenuante de seus pais, e muitos (os que podem pagar) ainda frequentam os chamados *gijuku* (cursinhos) para aumentar suas chances de entrar na universidade de sua preferência. Apesar da meritocracia inerente ao ingresso no ensino superior (ou talvez justamente por causa dela), entrar em uma boa universidade faz uma diferença enorme para as perspectivas de carreira dos estudantes. Um formando da faculdade de direito da Universidade de Tóquio é imediatamente alçado à elite da profissão e tem a chance de escolher os melhores empregos tanto no serviço público como nas grandes empresas. Esse "inferno do vestibular" elevou a taxa de suicídio dos estudantes japoneses aos níveis mais altos do mundo, e o dispendioso sistema dos *gijuku* acabou restabelecendo os privilégios de acesso daqueles que dispõem de maiores recursos financeiros.

Se até mesmo as grandes conquistas na esfera da educação pública acabaram gerando sérios problemas sociais, o rápido crescimento econômico não poderia deixar de provocar desdobramentos indesejáveis também em outras

15. O Shinkansen (trem-bala).

áreas. Embora tenham sido equiparadas aos homens por força da lei, as mulheres ainda ocupavam uma posição de inferioridade na sociedade japonesa. Da mesma forma como se submetiam a um serviço mal pago na indústria têxtil na época do pré-guerra, no pós-guerra elas passaram a ser a mão de obra preferida das fábricas de produtos eletrônicos. Àquelas que conseguiam trabalhar no setor administrativo só era permitido o cargo de auxiliar, ou "moça de escritório", e elas eram obrigadas a se demitir quando se casavam. O progresso na política de igualdade entre os gêneros não acompanhou a velocidade das transformações econômicas. Da mesma forma, a discriminação sofrida pelas minorias étnicas (em especial os 540 mil coreanos que permaneceram no Japão depois da guerra) e pelas minorias sociais (principalmente os *burakumin*) sobreviveu a todas as transformações sofridas pelo país. Apesar das leis que garantiam os direitos desses grupos, os setores dominantes da sociedade sempre encontravam uma maneira de ignorá-las.

O sucesso econômico também veio à custa de muita poluição e degradação ambiental. As florestas do Japão foram se restringindo cada vez mais às montanhas à medida que as cidades se expandiam para ocupar os parcos terrenos planos junto à costa (cerca de 80% do território japonês é montanhoso demais para permitir a ocupação humana). O crescimento da indústria pesada produziu o despejo em massa de detritos químicos não tratados que poluíram rios e solos. No início dos anos 1950, começaram a surgir casos de contaminação por mercúrio, que passou a ser chamada de doença de Minamata, em virtude da região afetada, e de envenenamento por cádmio, que ganhou o nome de *itai-itai-byô* (literalmente, "doença que dói muito") por causa de seus sintomas. No entanto, apenas no início da década de 1970 as vítimas obtiveram o reconhecimento ou a reparação por seu sofrimento, e uma regulamentação ambiental adequada entrou em vigor. Mais para a frente, com a estabilização da economia e o choque sofrido pela crise do petróleo dos anos 1970, o Japão se tornou um dos líderes mundiais em proteção ambiental.

A tribo do sol

Ao mesmo tempo em que as rápidas transformações das condições materiais da sociedade japonesa se processavam, o próprio povo e sua cultura estavam vivendo um processo de mudança. A geração que nasceu durante os difíceis anos de guerra chegou à idade adulta no começo dos anos 1950. Sua vida havia sido marcada pela ocupação norte-americana, e o contágio da cultura dos Estados Unidos se deu de maneira fulminante, fazendo com que fossem impregnados inclusive por parte do desdém que os ocidentais demonstravam pelas tradições locais. Os jovens do mundo inteiro estavam se rebelando nos anos 1950, e ninguém tinha mais motivos para isso do que os jovens japoneses.

Apenas catorze anos depois de a Marinha Imperial ter atacado Pearl Harbor, surgiu no Japão um movimento jovem chamado *taiyô-zoku* (a tribo do sol). Seu herói era o famoso playboy Ishihara Shintarô, de 24 anos de idade, cujo romance de 1955, *Taiyô no kisetsu* ("A estação do sol"), ditou o tom que seria seguido pela juventude do país. O romance, que narra a história de dois irmãos que namoram a mesma garota, foi ao mesmo tempo um fenômeno de popularidade e um sucesso de crítica, ganhador do prestigioso Prêmio Akutagawa. Apenas um ano depois, foi adaptado para o cinema. Logo veio uma avalanche de romances e longas-metragens com a mesma temática: a tribo do sol pregava a violência (muitas vezes gratuita) e a ambiguidade moral, um elogio à brutalidade, ao cinismo e ao egoísmo. O próprio Ishihara parecia viver a vida que retratava em seus livros e filmes. Como os Teddy Boys londrinos, o movimento tinha também seu jeito de se vestir: para os rapazes, cortes de cabelo à Shintarô e roupas esportivas, com camisas e calças largas e sapatos de camurça; para as meninas, cabelos no estilo "mop-top" pintados de vermelho e calça de cintura alta. Ishihara permanece sendo uma figura controversa até hoje, e em 1999 se elegeu governador de Tóquio.

O movimento da tribo do sol era um sintoma de uma tendência muito maior dentro da sociedade japonesa, uma liberação de tensão na forma de violência (tanto cultural quanto física) à medida que a cultura popular ia se aproximando da direita política. A década de 1950 foi uma época de ouro do cinema japonês e, depois do fim da ocupação e da censura, muitos de seus filmes começaram a retratar os eventos ocorridos durante a guerra de maneira abertamente antiamericana. Uma das primeiras obras a fazer isso foi o longa-metragem *Himeyuri no to* ("A torre de lírios"), que conta a história de um grupo de jovens que preferem cometer suicídio a serem capturadas pelos norte-americanos em Okinawa. *Kabe atsuki heya* ("O quarto de paredes grossas"), de Kobayashi Masaki, apareceu no mesmo ano; o filme sugeria que os norte-americanos se comportaram da mesma forma que os japoneses durante a guerra e insinuava que muitos oficiais haviam sido injustamente condenados nos Julgamentos de Tóquio. Apenas um ano depois, o famoso épico *Gojira* (Godzilla) foi lançado, com seu enredo de uma explosão nuclear que teve o efeito colateral de deixar um monstro gigantesco à solta no mundo. Dezenas de filmes sobre o heroísmo dos soldados japoneses durante a guerra foram produzidos ao longo dos anos 1950, assim como sobre a preservação dos valores tradicionais japoneses pela *yakuza* (a máfia local) e sobre samurais e monstros diversos.

Essa reviravolta na opinião pública não passou despercebida pelos políticos. Em uma referência deliberadamente irônica à célebre expressão de MacArthur, o futuro primeiro-ministro Kishi Nobusuke proporia uma *gyaku kôsu* ("reversão de rota") nacionalista em meados dos anos 1950. Criminoso de guerra classe A que permaneceu preso até 1948, Kishi foi procurado pela CIA em 1955 para ajudar a unir as facções conservadoras do Japão sob um único partido capaz de contrabalançar o crescimento do movimento socialista. O resultado desse esforço, a fundação do Partido Liberal Democrata em novembro de 1955, mudaria para sempre o panorama político do Japão, inaugurando o chamado "sistema de 1955", que permaneceria no poder por mais 38 anos consecutivos. O partido mantinha relações próximas com os antigos *zaibatsu* e com a burocracia estatal, formando o chamado "triângulo de ferro", com um funcionamento muito parecido com o esquema de poder na época da guerra. Em 1957, o próprio Kishi se tornou primeiro-ministro, apenas cinco anos depois do fim da ocupação norte-americana (e da validade de seu expurgo e de sua inelegibilidade a cargos públicos ter expirado).

A posição ideológica de Kishi tinha suas ambiguidades. Ele pediu a revisão da constituição de 1947 (que considerava uma imposição ao Japão pelas forças de ocupação) para que fosse permitido rearmar o país e restabelecer a autoridade do imperador como chefe de Estado. Como a reforma constitucional se revelou impossível, Kishi passou a defender a flexibilização na interpretação de seus termos: ele sugeriu que a bandeira do Sol Nascente imperial fosse adotada mais uma vez, que o hino nacional, o *Kimigayo*, deixasse de ser proibido, que o xintoísmo e os valores tradicionais passassem a ter um papel mais central no dia a dia do país e que o Japão se tornasse um ator internacional mais independente (mas sem deixar de manter relações especiais com os Estados Unidos).

Kishi não conseguiu impor todas essas medidas à Dieta (o parlamento japonês), e muitas de suas políticas (como a Lei da Polícia de 1958) foram recebidas com protestos veementes pela imprensa, pelos estudantes e até mesmo por membros de seu próprio partido. O Partido Comunista Japonês boicotou os debates e tentou montar barricadas na porta do parlamento, e os membros mais liberais do próprio partido governista (liderados pelo ex-primeiro-ministro Yoshida Shigeru e pelos futuros primeiros-ministros Ikeda Hayato e Satô Eisaku, que governariam o Japão de 1960 a 1972) ameaçaram uma cisão partidária.

Ainda assim, o furor causado pela Lei da Polícia foi só o prelúdio para a maior crise política da história do Japão pós-Segunda Guerra Mundial, a chamada crise do *Ampo*, ou Crise do Tratado de Segurança de 1960. A crise surgiu quando Kishi tentou revisar os termos do Tratado de Segurança Estados Unidos-Japão na época de sua renovação. Desde 1958, ele já vinha buscando convencer a opinião pública de que a proteção dos Estados Unidos era necessária, mas que o tratado precisava se basear em termos mais justos, o que significava assumir mais responsabilidades quanto à defesa militar do país. Grande parte da população, porém, não se deixou convencer com os argumentos apresentados, pois os considerava uma afronta ao caráter pacifista da constituição. Uma coalizão formada pelos opositores da proposta criou o *Ampo jôkai* (Conselho Nacional contra a Revisão Constitucional). Kishi foi em frente da mesma forma, e em 1960 viajou a Washington com a intenção de assinar a versão revisada do tratado. Em fevereiro, ela foi apresentada ao parlamento, mas centenas de manifestações do lado de fora e movimentos de obstrução por parte da oposição forçaram a paralisação do debate. Em 19 de maio, último dia de sessão parlamentar, a oposição sequestrou e trancafiou o orador da casa para que o tratado não fosse discutido, mas Kishi acionou a polícia para libertá-lo. Depois disso, expulsou a oposição da Dieta e ratificou ele mesmo o tratado na calada da noite, com apenas parte do Partido Liberal Democrata presente.

Ao longo dos meses seguintes, as manifestações nas ruas se tornaram diárias. No dia 4 de junho, 5,5 milhões de pessoas entraram em greve como protesto. Em 10 de junho, o secretário de imprensa da Casa Branca foi ao Japão a fim de organizar a visita do presidente Eisenhower ao país, marcada para dali a nove dias. Seu carro foi atacado pelos manifestantes, e ele precisou ser retirado de helicóptero. Depois disso, Kishi foi acusado de acionar membros da *yakuza* para controlar os estudantes. Em 15 de junho, o parlamento superior recebeu ameaças, uma greve foi convocada e 100 mil manifestantes entraram em confronto com a polícia e membros da *yakuza* na frente da Dieta. Em 17 de junho, os principais jornais publicaram um editorial conjunto alertando que o que estava em jogo não era apenas o pacifismo, mas também a própria democracia, um discurso que estava em consonância com o dos principais intelectuais públicos do país, como Shimizu Ikutarô, para quem a crise do *Ampo* representava a morte da democracia no Japão do pós-guerra. Em 19 de junho, o tratado foi mandado para o parlamento superior sem ser votado pela Dieta, mas Eisenhower acabou cancelando sua visita. Nas semanas seguintes, Kishi ainda conseguiu escapar de um atentado contra sua vida, mas foi obrigado a renunciar ao posto, assumido pelo mais cordato e muito menos controverso Ikeda Hayato.

Crise de identidade

Apesar de ter ficado mais famoso por seu plano de "dobrar a receita" e por ter sido chamado por Charles de Gaulle de "vendedor de transistores", Ikeda foi um dos mais importantes primeiros-ministros da história do Japão no pós-guerra. Talvez seu maior feito tenha sido a implantação de uma bem-sucedida "política de paciência e reconciliação", que unificou o povo japonês em torno do objetivo do crescimento econômico. Na gestão de Ikeda, a questão militarista foi deixada de lado, e a sociedade foi orientada a se ocupar de enriquecer pacificamente.

No entanto, como ficou bem claro nos anos 1980, nem só de riqueza vive o homem, e uma década depois do drama dos anos 1950, com a geração da tribo do sol já mais amadurecida, a questão da identidade nacional do Japão voltou à tona. Nessa época, o estado de espírito do país podia ser identificado com clareza na obra do famoso romancista Kawabata Yasunari, que recebeu a *Bunka kunshô* (medalha da cultura) do imperador em 1961 e o Prêmio Nobel de Literatura em 1968 (sendo o primeiro escritor japonês a receber essa honraria). Os belos romances de Kawabata muitas vezes eram descritos como elegias a um Japão perdido. Os críticos são quase unânimes em apontar *O país das neves* e *Mil tsurus* como suas obras-primas. Elas contêm elementos da estética japonesa tradicional e uma reformulação romantizada de uma beleza específica ameaçada, ou no mínimo contaminada, pelo mundo moderno. Ao que parece, Kawabata parecia considerar sua obra como uma forma de preservação e transmissão da cultura tradicional para as gerações do pós-guerra. Além disso, sua obra podia ser facilmente assimilada pelo público estrangeiro, pois apresentava o Japão da maneira exótica e nada ameaçadora que sempre agradou aos ocidentais. Nos anos 1950 e 1960, muitos de seus romances foram traduzidos para o inglês, e ironicamente sua fama internacional foi um dos motivos por trás de sua popularidade em seu próprio país. O contraste com a produção de Ishihara nos anos 1950 não tinha como ser mais agudo.

Por outro lado, uma indicação de que a noção de identidade dos japoneses na verdade também estava se voltando para uma imagem mais baseada nos valores marciais e na violência pode ser encontrada no caso de um amigo e contemporâneo de Kawabata, o escritor Mishima Yukio. Mishima conquistou sua fama na década de 1950 com uma sequência de romances complexos e avassaladores,

16. O romancista Kawabata Yasunari.

como *O pavilhão dourado*, *Cores proibidas* e *Confissões de uma máscara*, que lidavam com temas desafiadores, como a homossexualidade e a relação entre sexo e violência. Ainda nos anos 1950, Mishima foi se interessando cada vez mais pela educação física e pelas artes marciais – começou a treinar musculação, *kendo* e boxe – e passou a se portar em público como um astro do cinema. Em uma visão um tanto limitadora, alguns biógrafos especularam que estava começando a sofrer de algum distúrbio psicológico que produzia impulsos masoquistas ou narcisistas.

Assim como Kawabata, Mishima também acreditava que sua vida e sua obra de alguma forma representavam o espírito do Japão. No entanto, apesar de os dois escritores compartilharem de um delicado senso de beleza estética, suas visões sobre seu país eram radicalmente diferentes. Para Mishima, o *Ampo* foi um marco de vital importância. Em vez de representar o fim de uma década turbulenta e problemática que ameaçou destruir a democracia no Japão – que foi a percepção que levou muitos leitores a se voltarem para Kawabata –, Mishima parecia mais preocupado com o fato de a sociedade japonesa ter virado as costas para a visão de Kishi de uma nação definida por seu valor marcial. Imediatamente depois da crise, o escritor publicou um pequeno volume intitulado *Patriotismo*, no qual deixava claro o que para ele significava amar o Japão. Suas obras subsequentes, *A espada* e *Sol e aço*, foram dedicadas a explorações da estética da violência, e o autor declarou que o objetivo de sua vida passara a ser adquirir as características de um verdadeiro guerreiro japonês, seguindo a prática do *bunburyôdô* (combinação das artes marciais com os estudos eruditos). Mais ou menos nessa época, o livro *Patriotismo* foi adaptado para o cinema, em um filme produzido e estrelado pelo próprio Mishima.

Sua popularidade era tamanha que, quando ele pediu permissão para treinar com as *Jieitai* (as Forças de Autodefesa do Japão) ao primeiro-ministro Satô, sua requisição foi aceita. Ao mesmo tempo, porém, os círculos literários começavam a virar as costas para suas posições. Em entrevistas, ele se referia ao fato de o imperador ter sido obrigado a negar sua divindade como uma tragédia e afirmava que a *kokutai* (comunidade nacional) da época da guerra era a que representava o autêntico Japão – os norte-americanos teriam emasculado o país e destruído seu espírito. Mishima argumentava que o período pós-guerra havia causado uma distorção de valores e era momento de reviver os ideais tradicionais do *bushidô* (o caminho do guerreiro). Em 1967, ele fundou uma sociedade secreta paramilitar chamada *Tatenokai* (Sociedade da Armadura). O primeiro-ministro Satô chegou a fornecer verbas para ajudar na formação do grupo, e o futuro primeiro-ministro Nakasone Yasuhiro, na época comandante da agência de defesa, concedeu à *Tatenokai* livre acesso a todas as instalações das *Jieitai* no país em 1970.

Enquanto isso, os protestos pacíficos contra a Guerra do Vietnã tomavam conta das cidades japonesas, inseridos na pauta do ativismo estudantil. No primeiro semestre de 1969, diversos campi universitários foram fechados em virtude das manifestações dos estudantes sobre o Vietnã, o *Ampo* e a cobrança de mensalidades. No campus da Universidade de Tóquio, os protestos foram violentos, e alguns professores foram literalmente tomados prisioneiros e interrogados nos auditórios, inclusive o eminente cientista político Maruyama Masao. Empolgado com essa demonstração de voluntarismo, Mishima fez uma visita aos estudantes em Tóquio, mas saiu desapontado ao tomar conhecimento de suas motivações.

Em 25 de novembro de 1970, Mishima e alguns membros da *Tatenokai* se infiltraram em uma base militar em Tóquio e fizeram o general Mashita Kanetoshi refém, enquanto o próprio Mishima subia em uma marquise para discursar às tropas reunidas. Ele disse às *Jieitai* que o verdadeiro Japão tinha sido aniquilado pelo discurso de liberdade e democracia, que o imperador fora humilhado pelos norte-americanos e o futuro do Japão estava nas mãos deles, os militares. Como um exemplo da fraqueza e ignorância dos políticos, ele citou o fato de as *Jieitai* não terem sido enviadas para enfrentar os estudantes rebelados na Universidade de Tóquio no ano anterior (e sim a tropa de choque da polícia).

Seu discurso inflamado não despertou reação alguma entre as tropas, que mal conseguiram ouvi-lo. Ele então voltou para o gabinete do general e cometeu o *seppuku*, o ritual tradicional de suicídio, aparentemente porque não aceitava viver em um Japão tão poluído e contaminado pela modernidade ocidental.

É preciso afirmar, no entanto, que Mishima era um extremista e suas visões e atitudes não encontravam muito eco na sociedade japonesa. Na verdade, a reação da maioria a seu suicídio, ao que tudo indica, foi de perplexidade. O primeiro-ministro Satô, amigo e benfeitor de Mishima, teria dito que achava que o escritor enlouquecera. A figura de Mishima permanece controversa até os dias de hoje. No entanto, a existência de um espectro cultural que ia de Mishima a Kawabata (que alguns anos mais tarde também se matou) ilustra a dimensão da crise de identidade que o Japão atravessou entre os anos 1960 e 1970. Ambos pregavam o retorno dos valores tradicionais japoneses em meio a um acelerado desenvolvimento econômico e ao surgimento de uma sociedade de consumo, só não conseguiam concordar a respeito de quais na verdade seriam esses valores.

A caminho da pós-modernidade

Em outras partes do mundo, o crescimento milagroso da economia japonesa causava reações variadas. Enquanto

17. Mishima discursa aos militares.

boa parte do planeta lutava contra a inflação, a recessão e o desemprego que se seguiram aos aumentos do preço do petróleo em 1973 e 1978, a economia japonesa continuou a crescer durante toda a década de 1980 a uma taxa de 5% ao ano – depois de um arrefecimento nos anos 1970 em virtude de uma combinação de fatores, como as limitações de sua chamada "economia dual", uma reestruturação industrial (desviando o foco da indústria pesada), diversificação da matriz energética e medidas de terceirização de mão de obra para outros países. No fim dos anos 1980, a bolsa de valores de Tóquio concentrava 40% do valor do mercado mundial; o preço do metro quadrado de terreno no Japão estava absurdamente alto (o valor da área ocupada pela cidade de Tóquio estava avaliado acima do território inteiro do Canadá). Em um extremo, o Japão era visto como um monstro ameaçador de escala global que pretendia criar um império, mas usando o iene no lugar das balas disparadas na época da esfera de coprosperidade: o fenômeno de um certo sentimento antijaponês se tornou lugar-comum nos Estados Unidos. No outro extremo, o Japão era visto como um modelo de desenvolvimento econômico, e uma ampla gama de livros de autoajuda foi lançada com uma pretensa revelação da conexão entre a ética de trabalho japonesa, a ideologia confuciana, o espírito do *bushidô* e o sucesso nos negócios. Foi nessa época que o mundo se rendeu a essa imagem inventada do *salaryman*-samurai.

Enquanto isso, no Japão, apesar das afirmações de que a maioria da população fazia parte de uma classe média homogênea com objetivos de vida semelhantes e igualdade de acesso aos recursos de um Estado afluente, a sociedade japonesa passou as décadas de 1980 e 1990 ainda sem saber ao certo o lugar que ocupava no mundo. A indústria dos *Nihonjinron* estava em alta, e a população, ávida em consumir centenas de tratados com explicações sobre as peculiaridades do povo japonês em termos éticos, psicológicos, sociológicos e religiosos. A nova geração começou a ser chamada de nova espécie (*shin jinrui*). Eles eram confiantes e tinham orgulho da riqueza do Japão, mas, por não terem passado pelas dificuldades enfrentadas pelos mais antigos, não valorizavam seu alto padrão de vida como deveriam. Os bancos concediam crédito sem critério algum: em um caso célebre, o Banco

Industrial do Japão concedeu a uma cliente de Osaka um empréstimo de 2 bilhões de dólares tendo como garantia uma pequena cadeia de restaurantes, quantia que ela perdeu no mercado de ações sob o aconselhamento financeiro de seu vidente. No fim, descobriu-se ainda que ela tinha dado garantias falsas, já que não era a verdadeira dona dos restaurantes. A corrupção nos negócios e na política parecia cada vez mais disseminada, e o povo perdeu a confiança nos políticos depois do drama do Escândalo da Lockheed, em 1985, e do Escândalo da Recruit, em 1988, cujas repercussões contribuíram, em 1993, para a breve saída do poder do Partido Liberal Democrata pela primeira vez desde sua fundação em 1955.

Essa "nova espécie" de cidadão japonês não mais se contentava em dedicar sua vida ao crescimento da economia japonesa de maneira passiva e altruísta, e as queixas sobre os longos expedientes e a falta de tempo para desfrutar da própria prosperidade começaram a surgir. O termo *karôshi* (morte por excesso de trabalho) se tornou comum, e serviços de assistência psicológica foram criados para tentar impedir que o excesso de trabalho levasse ao colapso nervoso ou ao suicídio. Ao mesmo tempo, os mais velhos começaram a reclamar que a "nova espécie" não tinha comprometimento social nem disciplina, características centrais para a identidade do país no pós-guerra.

Em vez de dedicar sua força de trabalho a uma única empresa em um "emprego vitalício", a nova espécie era composta cada vez mais por *furitaa*, profissionais freelance que trabalhavam para vários empregadores a fim de poderem viajar e adaptar sua jornada de trabalho a seus demais interesses na vida. Essa ênfase no lazer e em identidades que não dependiam da atuação profissional encontrou sua expressão na criação de inúmeras "micromassas", ou subculturas: as moças de escritório e as universitárias se apropriaram do conceito de *moga* (menina moderna), definindo sua subcultura por meio do consumismo desenfreado e constituindo sua identidade com bolsas de grife, calçados europeus e cortes de cabelos estilizados. Na década de 1990, esse movimento foi associado ao fenômeno do *enjo kôsai*, ou "encontro remunerado", nome dado à prática das jovens (muitas vezes em idade escolar) de sair com homens mais velhos em troca de presentes caros. No entanto, em termos gerais, a definição como *moga* se resumia aos momentos de lazer: quando estavam trabalhando ou na escola, essas mesmas meninas se apresentavam de maneira impecável em seus uniformes. Essa subcultura e sua flexibilidade moral se fazem presentes na obra de autoras como Yoshimoto Banana, cujo nome tem um apelo ao ridículo para os japoneses da mesma forma que para os ocidentais.

Outra subcultura das mais icônicas é a dos chamados *otakus* (nerds): em geral rapazes jovens com um interesse obsessivo em determinado tema – na maior parte das vezes atividades consideradas "antissociais", como jogos eletrônicos, animes ou mangás, que o *otaku* coleciona às toneladas, às vezes passando fins de semanas inteiros produzindo fantasias, ou "cosplays", de seus personagens favoritos.

O desenvolvimento dessas subculturas de caráter consumista despertou um sentimento que alguns resolveram chamar de "pânico anti-*otaku*". Apesar das evidências de que as *mogas* e os *otakus* eram capazes de exercer suas funções e suportar longas jornadas de trabalho melhor do que quase todas as outras sociedades do planeta (com exceção da Coreia do Sul), muitos críticos afirmaram que essas micromassas eram uma prova da "futilização" da cultura japonesa. As gerações mais antigas temeram pelo colapso moral e cultural de seu país. Uma onda conservadora com a intenção de preservar os valores tradicionais surgiu em defesa da ideia de que as pessoas precisavam sair dos centros urbanos e "descobrir o Japão" visitando suas áreas rurais, menos afetadas pelo período de prosperidade do pós-guerra. E, de fato, essa nostalgia e romantização da vida interiorana resultaram em um crescimento significativo do turismo doméstico no país.

No entanto, para intelectuais criativos como Yoshimoto Takaaki (o pai de Banana), esses movimentos sociais revelavam que a sociedade japonesa estava superando a modernidade para alcançar uma condição pós-moderna em que os indivíduos não eram mais escravos das expectativas materiais da sociedade, e sim pessoas com a liberdade de definir elas mesmas o significado de suas vidas. O Japão pós-moderno se define por suas individualidades, e não por sua coletividade.

Esse estado de espírito foi capturado na obra do mundialmente famoso romancista Murakami Haruki, cujos livros *Caçando carneiros* e *Dance, Dance, Dance*

18. As luzes de neon de Shinjuku, em Tóquio.

marcaram época nos anos 1980. Um dos pontos centrais desses romances pós-modernos é a maneira como a individualidade é constantemente destruída pelos imperativos homogeneizantes do sistema como um todo. Por exemplo, o termo "carneiro" é usado para designar uma presença sinistra que habita a mente das pessoas como um parasita sobrenatural e aos poucos vai eliminando a personalidade de seus hospedeiros, substituindo-a pela sua; o hospedeiro experimenta uma sensação de poder e bem-estar e, acima de tudo, se sente livre de responsabilidades sobre suas ações. Como uma crítica da cultura nacional de inspiração totalitarista que Murakami e muitos outros viam no Japão, o carneiro é um símbolo poderoso. Em um determinado momento, todos os personagens possuídos precisam decidir se vão abrir mão dos últimos vestígios de sua personalidade em benefício do carneiro ou vão lutar para expulsá-lo. Os que se decidem pela segunda opção se tornam figuras trágicas: acabam enlouquecendo ou cometendo suicídio, enquanto o carneiro simplesmente se muda para outro hospedeiro. Em uma linha de interpretação, as micromassas dos anos 1980 e 1990 são os que enfrentam o carneiro. Já de acordo com outra, o carneiro não é a cultura conservadora japonesa, e sim o consumismo, e nesse caso as micromassas estão possuídas da mesma forma que os demais. Não há como escapar.

Essa sensação de falta de perspectiva se tornou uma característica da chamada "década perdida" de 1990, que se seguiu ao estouro da bolha econômica e à morte do imperador Shôwa em 1989. Incapaz de sustentar uma economia artificialmente inflada e minada pelos descuidos causados pelo excesso de confiança, o mercado de ações quebrou, e a autoestima dos japoneses ficou seriamente abalada. Apesar de continuar sendo a segunda maior economia do mundo e manter uma balança comercial favorável com quase todos os seus parceiros internacionais, a confiança da sociedade no sistema e nos políticos (já muito abalada depois dos escândalos de corrupção dos anos 1980) estava em frangalhos. Ao mesmo tempo, com o fim da Guerra Fria, havia sobre o Japão uma inédita pressão para exercer um papel mais ativo e destacado nas questões internacionais: a reação hesitante (e baseada inteiramente na questão financeira) à primeira Guerra do Golfo, em 1991, apenas pareceu ratificar a ideia de que o Japão ainda não tinha entendido seu lugar no mundo do pós-guerra.

Em meados dos anos 1990, uma série de crises ocasionou uma reflexão ainda mais profunda sobre a identidade e o papel do Japão em escala global. Os questionamentos sobre a posição do Japão em relação aos Estados Unidos, que lideravam a ofensiva da Guerra do Golfo, tornaram-se ainda mais pertinentes em 1995, quando militares norte-americanos raptaram e violentaram uma menina de doze anos de idade em Okinawa. Esse incidente reacendeu o eterno debate a respeito da pertinência da manutenção de bases militares norte-americanas no Japão, mesmo depois de o país se tornar uma nação rica e poderosa. Nesse mesmo ano, alguns intelectuais revisionistas se juntaram para fundar o Grupo por uma Visão Liberal da História, cujo objetivo era mudar a percepção da sociedade a respeito da história do Japão no século XX, de modo que os japoneses pudessem se orgulhar de suas ambições e de sua conduta durante a Guerra do Pacífico. Para alguns, como o influente escritor e crítico literário Katô Norihiro, a maneira como o Japão se relacionava com seu passado e sua identidade beirava o patológico: sob pressão dos Estados Unidos no período pós-guerra, a sociedade japonesa se tornou doentia, masoquista e esquizofrênica – o país precisava de uma discussão sobre o que *realmente* significava uma identidade japonesa.

Nesse mesmo ano, porém, o país foi abalado por duas outras crises. Em janeiro de 1995, um terremoto de enormes proporções matou 6 mil pessoas e deixou mais de 300 mil habitações em ruínas na cidade de Kobe. Pouco tempo depois, no dia 20 de março, a seita religiosa *Aum Shinrikyô* executou um infame ataque com gás sarin no metrô de Tóquio, matando 12 pessoas e afetando diretamente mais de 5 mil.

O povo do Japão ficou perplexo com essa sequência de eventos, e as medidas inócuas tomadas pelo governo minaram ainda mais a confiança do público no sistema estabelecido. Murakami Haruki tentou enxertar um pouco de razão a essa loucura com dois breves livros sobre esses eventos. Em *Depois do terremoto* ele apresenta uma coletânea de contos que discutem as possíveis causas da tragédia: seria um desastre natural típico do "fim dos tempos" para punir o Japão pela vida frívola levada pelo país nos anos 1980? Teria sido causada pela decadência moral – pelo ciúme de uma mulher traída pelo marido? Ou pelo despertar de uma minhoca gigante que morava nas entranhas da cidade, alimentando-se do ódio e da ganância de diversas gerações?

Em *Underground* (sua primeira obra de não ficção), Murakami pergunta como podemos explicar o fenômeno *Aum* e como ele pode ser usado para entender as aflições do restante da sociedade. Ele argumenta que qualquer um que duvide da existência de um grande vazio filosófico e espiritual no Japão contemporâneo não entendeu o verdadeiro sentido de 20 de março de 1995:

> A realidade é que sob o sistema da sociedade japonesa não existe nenhum subsistema, nenhuma rede de proteção, para amparar aqueles que escorregam por suas falhas. Essa realidade não mudou em virtude do incidente. Existe um vazio em nossa sociedade, uma espécie de buraco negro, e, por mais que massacremos a seita *Aum Shinrikyô*, outros grupos

similares vão se formar no futuro e causar tragédias desse mesmo tipo.

O grupo *Aum* tinha a intenção de tomar o controle de Tóquio (e depois do mundo) para reverter a decadência espiritual causada pelos valores materiais ocidentais – ou seja, a modernidade. O mundo então seria guiado por pessoas dotadas de grande poderio físico (e não financeiro ou material), classificadas da mesma forma que os personagens do RPG *Dungeons and Dragons*. Os mais poderosos entre eles teriam sido os causadores do terremoto de Kobe. Uma das coisas que mais provocou espanto na sociedade foi que a essa seita não pertenciam apenas os *otakus*, com suas tendências antissociais, ou as pessoas sem instrução, mas também muitos cientistas de destaque e executivos bem-sucedidos. Por que pessoas inteligentes e talentosas se deixariam levar por uma organização como essa?

Para Murakami, a resposta era clara: o Japão moderno era incapaz de proporcionar um senso coerente de identidade e comunidade para seu povo. Na virada do século XXI, o *Aum* era como uma nação dentro da nação: uma subnação que cativou o imaginário dos desiludidos – era uma espécie de realidade alternativa (do tipo em que a sociedade temia que vivessem os *otakus*), com a intenção de eliminar o que eles consideravam as agruras da realidade de fato.

Em junho de 1997, o diagnóstico de Murakami pareceu ter se confirmado quando um menino de catorze anos decapitou outro de onze e largou o corpo na frente da escola onde os dois estudavam. Ele cometeu dois assassinatos e mais uma série de tentativas, e seus diários revelavam que se tratava de um "jogo" contra as autoridades, que sua "vingança" contra o sistema escolar o transformaria em "um ser límpido". Ele chegou inclusive a criar um deus próprio, Bamoidooki, a quem sacrificava diferentes formas de vida.

Obviamente, essas micromassas são movimentos subculturais no Japão, e não um fenômeno em grande escala. No entanto, a preocupação com o que elas têm a dizer a respeito da crise de identidade do Japão e sua problemática relação com a modernidade é algo que permeia a sociedade como um todo. E, à medida que o século XXI avança, o desafio de responder à pergunta sobre o que significa ser moderno no Japão moderno ainda persiste.

Capítulo 5

Superando a negação: a busca do Japão contemporâneo pela normalidade

O que seria normal para o Japão?

O modo como o Japão lidou com a questão de sua identidade durante a Guerra Fria foi um tanto introspectivo, uma luta interna para aceitar as consequências de suas tentativas de "superar a modernidade" e sua derrota na Segunda Guerra Mundial. Na década de 1990, entretanto, o Japão saiu de sua posição à sombra dos Estados Unidos para fazer parte do novo sistema de relações internacionais surgido no pós-Guerra Fria. Apesar de ser um exagero comparar o início da década de 1990 com meados dos anos 1850, a comparação das mudanças vividas pelo Japão nesses dois períodos é certamente útil, tanto em termos do contexto doméstico como em relação às preocupações com a identidade nacional e o papel do país em uma ordem mundial recém-estabelecida. Em ambos os casos, o Japão foi retirado de seu isolamento pelas demandas dos Estados Unidos e pelas pressões da nova comunidade internacional: em 1854, pelos "barcos negros" de Perry e pelas exigências comerciais dos regimes imperialistas, e em 1991 pelo pedido do presidente norte-americano George Bush por colaboração militar com as forças da ONU reunidas no Kuwait. Em ambos os casos, a reação do Japão à coação externa (ou *gaiatsu*) foi conflituosa, lenta e hesitante, pois as autoridades e a opinião pública não foram capazes de chegar a um consenso sobre o papel e a responsabilidade do país no cenário internacional. Em 1991, sob uma tremenda pressão, o Japão mudou os termos da negociação e enviou uma ajuda financeira de 13 bilhões de dólares no lugar de tropas e armamentos.

Desde 1947, a política externa do Japão vinha sendo orientada por uma atitude discreta e cordata, e suas discussões sobre temas relacionados a segurança costumavam ser guiadas pela famosa "cláusula da paz" (artigo 9) de sua constituição, ou seja, o país não se envolvia em qualquer ação militar importante porque estava proibido de fazê-lo. O Tratado de Segurança Estados Unidos-Japão havia eximido o país de refletir sobre seu papel nas decisões políticas globais mais relevantes.

A combinação da "constituição pacífica" com a tutela norte-americana e a chamada "alergia nuclear", que se desenvolveu depois da experiência de se tornar a primeira e única vítima das bombas atômicas, alimentava o discurso dominante de "antimilitarismo", e até mesmo pacifismo, no período pós-guerra. No cenário internacional, o Japão fez de tudo para se apresentar como um ícone de "civilidade" e de "poderio comercial", evitando deliberadamente o status de grande potência militar. Para seus vizinhos asiáticos, que tinham motivos de sobra para temer o rearmamento japonês, esse foi um dos maiores benefícios do período da Guerra Fria. No entanto, as críticas regionais à pretensa identidade pacifista do Japão já vinham borbulhando desde os anos 1970 e 1980, quando sua economia pujante assumiu proporções colossais: o pacifismo e a alergia nuclear pareciam mais pretextos para o país poder assumir uma posição de vítima, renegando seu papel anterior de agressor e se esquivando da responsabilidade de se redimir perante seus vizinhos por sua conduta na primeira metade do século XX.

Em outras palavras, o início da década de 1990 pôs a identidade internacional japonesa em xeque: o país era mesmo uma sociedade pacifista que decidiu por escolha própria se desviar das soluções militaristas para resolver conflitos internacionais ou essa postura era apenas um efeito colateral das circunstâncias proporcionadas pela ocupação norte-americana e pelo Tratado de Segurança Estados Unidos-Japão? Um questionamento importante dentro do próprio Japão, trazido à tona por figuras de envergadura como o político Ozawa Ichirô, era se esse aparente antimilitarismo japonês não o transformava em uma espécie de aberração no mundo moderno. Em seus *Fundamentos para um novo Japão* (1994), Ozawa conclamou o povo a enfim abandonar sua "mentalidade do pós-guerra" e sua preocupação com o legado produzido pela Guerra do Pacífico para se transformar em um "país normal", que para ele significava uma nação que assumisse no contexto internacional responsabilidades compatíveis com seu status econômico. Um dos exemplos mais citados a esse respeito era o fato de que, apesar de ser o segundo maior colaborador financeiro da ONU, o Japão não tinha um assento permanente no Conselho de Segurança das Nações Unidas. Em termos concretos, ele queria que o Japão alterasse sua constituição para que as Forças de Autodefesa pudessem fazem parte das operações militares da ONU e de outros mecanismos de segurança internacionais. Ozawa foi também um dos principais formuladores da Lei de Cooperação Internacional de 1992, que enfim permitiu a participação (apesar de limitada) das Forças de Autodefesa nas operações de paz da ONU, apesar de a resolução ter saído tarde demais para que o país pudesse participar da primeira Guerra do Golfo. A primeira missão do Japão sob a vigência dessa lei se deu no Camboja, em 1992.

A questão da "normalidade" do Japão no contexto internacional vem sendo discutida em termos políticos, sociais e culturais desde o início dos anos 1990, mas ainda permanece não resolvida. Para alguns analistas, o problema pode ser resumido por duas deficiências sérias existentes no país: a primeira seria a ausência de meios "normais" (ou seja, um exército constituído com mecanismos de controle social); e a segunda, a ausência de uma legitimidade "normal" no contexto internacional (ou seja, a aparente incapacidade dos japoneses de "se reconciliar com seu passado" e se redimir diante de seus vizinhos).

Na verdade, essas tais deficiências são ilusórias. As Forças de Autodefesa do Japão estão entre os exércitos mais avançados do mundo em termos de poderio tecnológico. Apesar de os japoneses se manterem refratários aos armamentos nucleares, já dominam há muito tempo as técnicas de construção de tais armas, além de terem um programa espacial com todos os requisitos tecnológicos necessários. Se por um lado o Japão de fato não tem condições de comandar uma invasão a um país estrangeiro, por outro sua capacidade de defesa não deixa a dever a qualquer nação do planeta, e suas forças dispõem de tecnologias de ataque remoto capazes de atingir a qualquer tempo a Ásia continental. Em suma, apesar dos números modestos de suas Forças de Autodefesa (em termos de homens e de

19. Um F-15 das Forças de Autodefesa em reabastecimento.

porcentagem do PIB investida, menos de 1%), o poderio militar do Japão é um dos mais relevantes da Ásia.

Em outras palavras, as verdadeiras fontes do tal "déficit de meios" do Japão têm mais a ver com sua legislação e cultura do que com sua capacidade material. Em 2001, com a promulgação da Lei das Medidas Especiais Antiterrorismo pelo primeiro-ministro Koizumi, as Forças de Autodefesa puderam ser acionadas para auxiliar o exército norte-americano no Afeganistão e no Iraque na segunda Guerra do Golfo, ou seja, as barreiras legais impostas às ações militares japonesas foram severamente diluídas. Na verdade, as interpretações um tanto flexíveis da "constituição da paz" e dos termos de seu artigo 9 geraram diversas demandas por uma revisão constitucional para alinhar a teoria à prática. Esse tipo de crítica em geral produz acusações de que o tal "pacifismo" do Japão se resume ao campo das relações públicas e o país se esconde atrás da imagem autoconstruída de vítima da Segunda Guerra Mundial porque lhe seria vantajoso.

Isso nos leva a uma segunda questão, o "déficit de legitimidade" do Japão, uma discussão volátil e insistente no país desde os anos 1990. Em diversos sentidos, ela se resume à acusação de que os japoneses preferem negar a própria história, ou de que não conseguem "se reconciliar com seu passado" por causa da posição privilegiada proporcionada pela tutela norte-americana durante a Guerra Fria. Sendo assim, o fim da Guerra Fria ocasionou a oportunidade perfeita para expor, e quem sabe até resolver, esse problema de condicionar a legitimidade internacional do Japão contemporâneo à sua capacidade de assumir a responsabilidade que lhe cabe pela Guerra do Pacífico. Por se tratar de um tema central para a questão da identidade e da modernidade no Japão contemporâneo, e por ainda ser um assunto não resolvido, vamos nos ater mais detidamente sobre esse tópico a seguir.

O déficit de legitimidade e a questão da responsabilidade pela guerra

O cerne do problema está na eterna afirmação, por parte de analistas e também de muitos governantes, de que, assim como a Alemanha (e os alemães) aparentemente se conscientizou (e se arrependeu) da violência perpetrada pelo país na Segunda Guerra Mundial, o Japão (e os japoneses) se recusa a fazer isso.

É interessante notar, no entanto, que o Japão já fez inúmeros pedidos de desculpas e tomou diversas medidas de reparação ao longo da década de 1990, um período caracterizado pelo que Wale Soyinka descreveu como a "febre de reparações do fim do milênio", a começar pela controversa declaração do recém-empossado imperador Akihito (e depois do primeiro-ministro Kaifu) ao presidente sul-coreano Roh Tae Woo durante sua visita ao Japão em 1990, passando pelo elaborado discurso do primeiro-ministro Murayama no aniversário de cinquenta anos da derrota japonesa (em 1995) até chegar ao pedido de desculpas por escrito do primeiro-ministro Obuchi (pelos abusos perpetrados durante a ocupação da Coreia), entregue ao presidente sul-coreano Kim Dae Jung em outubro de 1998.

Apesar desses avanços significativos, tanto no discurso de penitência e reconciliação (depois da Comissão da Verdade e Reconciliação reunida na África do Sul em 1995) quanto na conduta do Japão na prática, essa impressão de que os japoneses não demonstraram (e talvez nem sentiram) arrependimento suficiente ainda persiste. Como entender que um ponto de vista seja capaz de resistir a tantas evidências contrárias?

A forma mais simples de responder a essa pergunta em termos políticos é afirmando que o problema não está no Japão, e sim na recusa de seus vizinhos a aceitar o pedido de desculpas dos japoneses e seguir em frente. Uma justificativa das mais cínicas para isso poderia passar pelas vantagens econômicas e políticas que as duas Coreias poderiam obter se recusando a admitir que o Japão enfim superara o período pós-guerra. Essa inclusive é a opinião de alguns setores da sociedade japonesa a respeito das verdadeiras motivações dos coreanos, tanto os do norte quanto os do sul.

Já uma resposta mais centrada no Japão em si passaria pelo questionamento do verdadeiro significado desses pedidos de desculpas, o que dá margem aos cínicos para repisar o velho argumento de que o país pediu desculpas muitas vezes, mas nenhum desses pedidos foi *sincero*. Ou seja, o arrependimento japonês não passou de uma encenação política, esvaziada de qualquer sentido moral; no fim, era tudo fingimento. Para esses hipotéticos (mas ainda assim facilmente identificáveis) cínicos, os pedidos de desculpas do Japão não são uma tentativa de obter perdão, demonstrar seu arrependimento pelos malfeitos cometidos ao longo de sua história, e sim um expediente para retomar seu papel no cenário internacional.

Deixando de lado (pelo menos por ora) as implicações um tanto problemáticas de personificar um Estado-nação para poder exercer críticas de perfil psicologizante – e também descartando a afirmação simplista em contrário de que "os pedidos de desculpas do Japão são obviamente políticos, porque o Japão é um Estado (não uma pessoa) e todos os atos de um Estado são políticos", essa visão do arrependimento japonês como uma representação alegórica pode nos fornecer algumas perspectivas teóricas bastante úteis a respeito do problema. Em particular se levarmos em conta que, na segunda metade dos anos 1990, houve um acalorado debate na opinião pública que abordava essa questão em termos igualmente psicologizantes.

A negação como uma patologia nacional e a "década perdida" de 1990

Em diversos sentidos, "a febre de reparações do fim do milênio" foi uma iniciativa sincera de buscar a verdade a fim de exorcizar os demônios da história, aparentemente baseada na noção freudiana de que o passado produzia "cicatrizes indeléveis" no inconsciente coletivo, escondendo feridas infectas que precisavam ser tratadas para o bem das relações políticas. Um aspecto interessante dessa visão é o fato de ser permeada pela ideia moderna de uma unidade nacional consciente, dentro da qual a negação irredutível é interpretada como um sinal de patologia ou atrofia política (sendo a primeira representada por um desvio de personalidade e a segunda por uma amnésia cultural). Por diversas razões, essa ideia de consciência (em especial no que diz respeito a uma nação) é altamente questionável, ainda mais se aplicada em um contexto global.

No entanto, já no início da década de 1970 o psicólogo Kishida Shû definia o Japão moderno como esquizofrênico. Nos anos 1990, a teoria de Kishida foi adotada pelo controverso e influente intelectual Katô Norihiro, que da mesma forma "diagnosticou" a "doença" do Japão do pós-guerra como sendo a esquizofrenia, argumentando que a "personalidade" do país havia sido cindida pelas contradições inerentes à ocupação norte-americana. Para ele, o Japão do pós-guerra ficara em uma posição insustentável, já que a necessidade de se tornar uma democracia havia sido imposta por um inimigo estrangeiro. O resultado dessa dubiedade, que ele expressa em seu famoso livro *Nihon no mushisô* ("A inconsciência do Japão", de 1999), foi que o "Japão público" passou a encarar os desejos e as diretrizes norte-americanos (em especial o pacifismo e a democracia) como se fossem seus, enquanto o "Japão privado" mantinha uma autoimagem divergente e muitas vezes contraditoriamente nacionalista, com elementos de continuidade do período de orientação imperialista.

Katô argumenta que, apesar de essa solução "cindida" ter sido uma medida racional e eficaz (pois permitiu ao Japão que prosperasse sob a proteção norte-americana durante a Guerra Fria), os custos disso para o país foram imensos: o Japão do pós-guerra sofria de uma patologia mental. Em um ensaio que marcou época, *Haisengo-ron* ("O pós-derrota", de 1997), Katô deu início ao debate intelectual mais sério e importante realizado no Japão nos anos 1990, o chamado *rekishi shutai ronsô* (o debate sobre o sujeito histórico). Nesse texto, Katô argumenta que a esquizofrenia japonesa pode ter sido racionalmente justificável durante a Guerra Fria, quando o país dependia das boas relações com os Estados Unidos, mas que já havia passado da hora de diagnosticar e curar esse mal que afligiu o país durante cinquenta anos. Segundo ele, foi essa esquizofrenia que impediu que o Japão desenvolvesse uma subjetividade histórica moderna e coerente com a qual pudesse encarar seu passado beligerante – nem o Japão público (obrigado a condenar a própria história em virtude da orientação norte-americana) nem o Japão privado (que sob as aparências mantinha um forte sentimento nacionalista) tinham sido capazes de lidar de forma honesta e sem reservas com as atrocidades cometidas em nome do país durante a guerra.

O objetivo do debate sobre o sujeito histórico, portanto, era procurar uma forma de construir um sujeito nacional moderno, autêntico, unitário e saudável, capaz de assumir a responsabilidade por seus equívocos históricos. Existe claramente aqui um eco do debate sobre *shutaisei* (subjetividade) entre Maruyama Masao e os marxistas da época do pós-guerra, no qual Maruyama argumentou com propriedade que foi a ausência de um sentido bem desenvolvido de subjetividade moderna (e principalmente a ausência de uma esfera pública ativa na qual essa subjetividade pudesse ser posta em prática) que impediu os japoneses de compreender a necessidade de resistir ao imperialismo. Para Maruyama, isso levou ao "sistema de irresponsabilidades" que permitiu ao Japão "atirar-se à guerra" sem qualquer senso de controle ou responsabilidade por seus próprios atos. Segundo ele, já em 1946, a principal tarefa do país no pós-guerra era desenvolver uma noção moderna de subjetividade (*shutaisei*) que conectasse de fato, e de maneira responsável, as esferas pública e privada. Sem isso, a democracia japonesa jamais superaria a condição de instituição decorativa e superficial.

O controverso argumento de Katô na década de 1990 sugere que o arrependimento demonstrado pelo Japão no pós-guerra foi insincero em diversos e importantes (senão fundamentais) sentidos: a postura penitente do Japão seria só mais um aspecto de sua recém-adotada, graças à influência norte-americana, personalidade politicamente correta. Em vez de ser encarada como uma expressão de arrependimento, a atuação do Japão durante a "febre por reparação do fim do milênio" representaria uma demonstração deliberada (e até mesmo patológica) de falsidade.

Infelizmente em certo sentido, o *rekishi shutai ronsô* de Katô coincidiu com a ascensão de um grupo de historiadores revisionistas de direita do qual faziam parte Fujioka Nobukatsu, autor do livro *Kyokasho ga oshienai rekishi* ("A história que não se ensina nos livros escolares", de 1997), e o quadrinista Kobayashi Yoshinori, autor da série de mangás *Shin-gômanism* ("A nova cultura da arrogância"). À primeira vista, o objetivo desse grupo parecia ser o mesmo – a necessidade de uma nova *Nihon jishin no rekishi-ishiki* (consciência histórica japonesa). No entanto, enquanto Katô pregava um comprometimento genuíno (apesar de controverso) no exame dos momentos mais obscuros e vergonhosos da história do Japão (embora essa reavaliação contemplasse acima de tudo o sofrimento *do próprio Japão* durante esse período e o trauma que ele deixou), Fujioka e Kobayashi estavam (e permanecem) mais interessados em reescrever a história da Segunda Guerra Mundial para que ela se tornasse motivo de orgulho para os japoneses. Os demais países asiáticos, assim como segmentos importantes da própria população japonesa, compreensivelmente ficaram incomodados com esse tipo de discurso.

Outra questão pertinente nesse sentido é a frequente e semelhante acusação de que o arrependimento do Japão não é sincero porque figuras eminentes de sua vida política já deram diversas manifestações públicas de nacionalismo de inspiração imperialista. Em especial, esse argumento se refere ao reconhecimento oficial da *nisshôki* (bandeira do sol nascente) e do *kimigayo* (o hino nacional japonês) pelo primeiro-ministro Obuchi em 1999; às infames visitas ao santuário Yasukuni do ex-primeiro-ministro Koizumi e suas tentativas de rever a supostamente antijaponesa Lei Fundamental da Educação (de 1947) para incluir aulas de patriotismo nas escolas; ou ao envolvimento do ex-primeiro-ministro Abe com livros didáticos revisionistas e seu pedido de reforma do artigo 9 para permitir (ou legitimar) o rearmamento do Japão.

A questão crucial a respeito de tudo isso é determinar se esses atos constituem manifestações públicas ou governamentais ou são atos de caráter privado de cidadãos japoneses no livre exercício de seus direitos. Nesse sentido, é importante destacar, por exemplo, que, desde os anos 1980, com o primeiro-ministro Nakasone, os políticos japoneses fazem questão de afirmar que realizam suas visitas ao santuário Yasukuni como *cidadãos*, e não como autoridades. Na verdade, é possível inclusive enxergar nessa distinção entre pessoa pública e cidadão (que, aliás, vem se tornando cada vez menos clara, como no caso de Koizumi Jun'ichirô, que no *exercício de seu mandato* de primeiro-ministro visitou *publicamente* Yasukuni como *cidadão*) uma forma de corroborar a tese da esquizofrenia nacional. Em outras palavras, o ato de visitar Yasukuni e estimular o debate público sobre o patriotismo e seu lugar no sistema educacional pode ser visto como uma forma de *terapia*? Seriam essas visitas tentativas deliberadas de enfrentar o problema e tentar resolver o chamado "desvio de personalidade", que parecia incontornável durante a Guerra Fria? Esse tipo de atitude poderia ser compreendido como um desejo de criar uma esfera pública para um debate racional e genuíno, cuja ausência Katô (e Maruyama antes dele) criticou no Japão do pós-guerra? Em vez de ser visto como uma exaltação romântica ao passado imperialista, isso tudo não poderia ser encarado como um mecanismo para mediar a construção de uma *Nihon jishin no rekishi-ishiki* e incentivar a participação dos cidadãos na esfera pública – estabelecer os japoneses como sujeitos políticos e históricos no novo Estado criado no pós-guerra?

O que existe de mais fascinante nesse tipo de argumento, apesar de toda a controvérsia que desperta, é que ele reúne um conjunto abrangente de fatores fundamentais em complexa interdependência, permitindo que vejamos as diversas maneiras como as questões do arrependimento dos crimes de guerra, da democracia, da modernidade e da subjetividade se relacionam no Japão contemporâneo. A ideia da patologia nesse caso reside na noção de normalidade (e riqueza) de uma consciência nacional moderna e unitária tanto no nível individual como no coletivo. A esta altura, vale a pena refletir se não seria mais pertinente enxergarmos o Japão como um Estado "pós-moderno".

O "Japão" pode fazer terapia?

Algo que se torna bem claro examinando os tópicos desse debate é o fato de ele ser calcado em termos

20. O ex-primeiro-ministro Koizumi visita o santuário Yasukuni, em 15 de agosto de 2006.

terapêuticos que encaram a questão nacional em termos patológicos. A nação é tratada como um indivíduo doente: cindido pelo trauma de sua história/memória, o Japão se retraiu a um estado de negação, no qual paradoxalmente conhece mas não reconhece os horrores de seu passado. Obviamente, esse paradoxo (de não reconhecer aquilo que se sabe) é algo central à natureza da negação, já que não se pode negar algo que não se sabe (ou pelo menos desconfie).

Ainda assim, a questão permanece: os países são suficientemente parecidos com pessoas para que tudo isso faça sentido? As nações, assim como os indivíduos, têm uma psique? O passado de um país é capaz de tornar seu povo doente, assim como as memórias reprimidas fazem com as pessoas? A maioria dos analistas parece concordar que esses conceitos da psicologia simplesmente *não podem* ser transplantados para o nível nacional. Um indivíduo com um trauma psicológico é algo totalmente diferente de um sofrimento nacional ou de um trauma político.

Em outras palavras, esse tipo de discurso tende a ser uma falácia. Países não são pessoas, e analisá-los como se fossem representa uma distorção (deliberada ou não) de seu panorama político. Na verdade, esse modo de pensamento terapêutico é basicamente autorreferencial. Ele desvia a atenção das vítimas das agressões cometidas e transforma o perpetrador da violência no paciente. Em outras palavras, em vez de se preocupar com o sofrimento infligido aos demais no momento em que se originou a patologia (no caso do Japão, a Guerra do Pacífico), a preocupação passa a ser com a condição psicológica do paciente por não saber lidar com as lembranças desse período. Como reação ao trauma, desenvolve-se a patologia da negação.

Dessa perspectiva, o significado de "acertar as contas com o passado", ou até de se arrepender a esse respeito, muda de figura: não se trata mais de obter o perdão daqueles que foram prejudicados, ou então de uma atitude de humildade em relação aos agredidos, concedendo a eles um poder (o do perdão). Na verdade, tudo isso só tira o foco das vítimas e concentra as atenções na cura e na transformação dos perpetradores.

Em outras palavras, a disseminada e influente tese da esquizofrenia para justificar a insinceridade do arrependimento do Japão no pós-guerra na verdade é uma inversão de uma questão moral e histórica, transformando o país na principal vítima da Segunda Guerra Mundial e tornando qualquer tentativa de acertar as contas com o passado um esforço de cura e reconstrução do próprio Japão. Para muitos críticos, dentro e fora do Japão, essa imagem encontra sustentação também na persistente relutância do país em reconhecer formalmente (e indenizar adequadamente) as chamadas "mulheres de conforto", em sua maioria coreanas e chinesas, que foram exploradas como escravas sexuais pelo Exército Imperial.

Esses tipos de descrições terapêuticas se baseiam na noção tipicamente moderna de uma unidade nacional consciente, inflamando os debates da já complicada relação do Japão com a modernidade e sua superação. E,

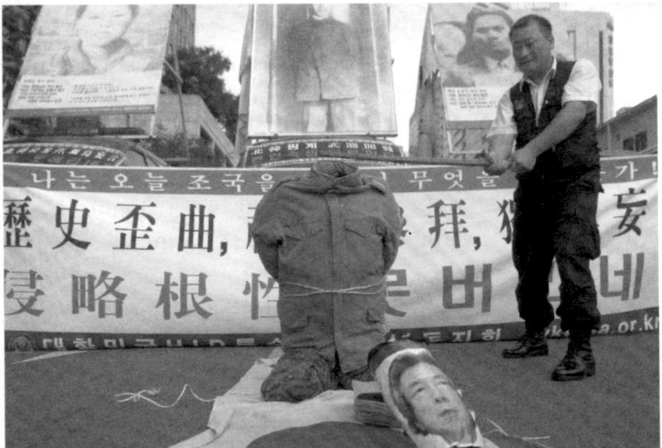

21. Manifestante em Seul simula a decapitação do primeiro-ministro Koizumi depois de sua visita ao Yasukuni.

de fato, uma das afirmações mais controversas de Katô Norihiro foi a de que o Japão precisava primeiro atravessar um período de luto por seus 3 milhões de mortos na guerra antes de poder se lamentar (ou se responsabilizar) pelos 20 milhões de mortos de seus vizinhos asiáticos. A ideia por trás disso é que a sociedade japonesa deveria chegar a um consenso a respeito de sua consciência nacional e histórica para conseguir pedir desculpas sinceras no papel de um Estado moderno, integrado e (fisicamente) saudável.

As consequências da ilegitimidade

Desde o fim da Guerra Fria, a importância de resolver a questão do déficit de legitimidade vem aumentando substancialmente. Muitas das tentativas do Japão de estabelecer um papel de liderança na região esbarraram na desconfiança permanente de que suas ambições imperialistas não se limitavam ao passado: as relações desconfiadas do país com os aparatos de segurança regionais, como o Fórum Regional da ANSEA (estabelecido em 1994), e as tentativas malsucedidas do primeiro-ministro Hashimoto de formar um bloco econômico regional para combater a crise asiática (em 1997) podem ser encaradas como exemplo disso. Em termos gerais, a Ásia Oriental não tem conseguido, ou não tem de fato tentado, desenvolver o tipo de integração regional existente na Europa.

Ainda assim, o Japão vem sendo inovador no desenvolvimento de mecanismos não militares de segurança, em parte para garantir a própria defesa sem desrespeitar os parâmetros do artigo 9, em parte na esperança de que tais medidas possam inspirar mais confiança em seus vizinhos a respeito de suas intenções, e em parte ainda por uma sincera preocupação a respeito das questões da "segurança humana" no mundo contemporâneo. Nesse sentido, com o crescimento da economia japonesa, o governo tentou desenvolver uma plataforma de "Segurança Abrangente". Essa expressão, cunhada pelo primeiro-ministro Ôhira em 1978, foi adotada como slogan para a parceria Satô-Reagan em 1981: Segurança Abrangente para o Mundo Livre! O conceito de segurança abrangente levava em conta não apenas a ameaça militar, mas também outros fatores, como degradação ambiental, pobreza e fome. Mais tarde, foi ampliado para incluir também a ideia de "segurança humana", definida como a liberdade de viver sem medo (em justaposição à noção de direitos humanos e do estabelecimento de um padrão de vida minimamente aceitável).

O governo japonês tem buscado esses ideais por meio de vários mecanismos, como verbas generosas destinadas à Assistência Oficial ao Desenvolvimento (AOD) nos termos da OCDE, distribuídas em sua maior parte a seus vizinhos asiáticos. A partir de 1989, o Japão se tornou o maior doador de fundos nesses moldes. No entanto, essa iniciativa recebeu críticas de determinados setores da comunidade internacional por diferentes razões: durante a Guerra Fria, o Japão às vezes foi criticado por oferecer dinheiro a título de doação, e não como indenização por crimes de guerra a seus vizinhos; o país foi acusado de ter critérios incoerentes para a distribuição de ajuda; muitas vezes, esse tipo de auxílio foi encarado como uma forma de imperialismo econômico. Em resposta a essas críticas, o Japão outorgou uma lei em 1992 estabelecendo bases claras para a doação de fundos para a AOD, condicionando a liberação das verbas ao conceito de segurança humana, relacionado à promoção da democracia e dos direitos humanos.

Ainda assim, na Ásia Oriental não falta quem veja os esforços do Japão para a segurança abrangente no nível regional como uma espécie de enganação. Toda vez que se deparam com ienes, esses críticos enxergam um novo tipo de imperialismo japonês, vendido ao mundo na forma de ajuda financeira, automóveis Nissan e videogames Playstation. Consciente desse temor, o Ministério das Relações Exteriores vem levando cada vez mais a sério a questão da construção de sua imagem. Em 2007, foi lançada uma campanha chamada "Japão Criativo", que retratava o país como o berço de inovações artísticas e fenômenos da cultura pop, como animes, mangás e videogames, além de ser um grande centro da gastronomia, da moda e da arquitetura, ou seja, um lugar rico em contribuições à cultura mundial. No entanto – ao contrário dos Estados Unidos, que capturaram a atenção de todo o planeta com a imagem de seu "sonho americano" –, o Japão ainda não foi capaz de definir uma visão que o tornasse atraente aos olhos do mundo.

Epílogo: o Japão no século XXI

A fronteira interior: uma revolução espiritual

Assim como para muitos países ao redor do mundo, a virada do milênio proporcionou ao Japão uma excelente oportunidade para fazer importantes reflexões. No século XX, o país emergiu de maneira notável como uma das principais potências modernas no cenário mundial. Apesar disso, as pesquisas de opinião pública e os articulistas mais influentes revelavam uma sensação predominante de pessimismo. Nos últimos cem anos, viu-se no Japão o estabelecimento de um Estado-nação, o desenvolvimento de uma indústria moderna, a criação de um imenso mas malfadado império regional, a devastação nacional e por fim um crescimento econômico milagroso, mas a impressão mais palpável na virada do século era aquela deixada pelos anos 1990 – a chamada "década perdida". Na verdade, em vez de se consolidar como a tecnotopia pós-industrial vislumbrada nos anos dourados da década de 1980, a sociedade japonesa pareceu sucumbir diante de suas ansiedades e inseguranças a respeito de sua identidade e de seu lugar no mundo. Diversas pesquisas de opinião demonstraram que o nível de felicidade e satisfação com a vida estava em baixa, e as taxas de suicídios no Japão estavam entre as mais altas do mundo.

Porém, apesar de toda a angústia e incerteza vividas na década de 1990, o Japão do século XXI permanece sendo uma das mais afluentes sociedades do planeta. Seu PIB (atualmente na casa dos 5 trilhões de dólares) só perde para o da China e o dos Estados Unidos. Depois de uma década de estagnação, a economia japonesa começou a crescer de novo em 2003.

Portanto, na virada do milênio, a preocupação com o futuro acabou se misturando com a visão do passado. Sob o comando do primeiro-ministro Obuchi, o governo estabeleceu uma comissão para determinar as "Metas do Japão no século XXI", com a missão de descobrir uma forma de evitar (ou driblar) seu aparente declínio. O comitê foi formado por pessoas de origens diversas, contemplando desde um astronauta até um dramaturgo, mas marcado pela ausência de burocratas e membros do poder Executivo. Afinal, a confiança da opinião pública nos governantes havia chegado a seu nível mais baixo nos anos 1990: o estouro da bolha econômica, o colapso dos "tesouros sagrados" do mercado de trabalho japonês (o emprego vitalício e o nível salarial baseado no tempo de casa), uma atuação internacional hesitante e opaca, a revelação de inúmeros escândalos de corrupção e a guerra entre diferentes facções políticas acabaram destruindo por completo a imagem de infalibilidade da elite política nacional. O primeiro item na lista de prioridades nacionais de muita gente era uma reforma do próprio governo.

Em janeiro de 2000, a comissão entregou seu relatório: "A fronteira interna: empoderamento individual e melhor governança no novo milênio". As recomendações do relatório eram abrangentes e profundas e promoveram um período de intensos debates a respeito da situação da sociedade japonesa e suas aspirações para o futuro – debates estes que permanecem inconclusos até hoje.

A comissão afirmou com propriedade que a sociedade japonesa ficou obcecada com a ideia de "recuperar terreno" em relação às grandes potências e com isso se viu sem objetivo e razão de ser quando seu padrão de vida acabou superando aquele atingido pelo chamado Ocidente. O relatório defendia que o Japão precisava estabelecer um novo papel para si, mais autônomo, ditado não pelos termos ocidentais (mais especificamente dos Estados Unidos), mas pelo fortalecimento dos laços culturais e sociais com a Ásia Oriental e pela promoção de instituições multilaterais na região. Essa ideia de um "retorno à Ásia" ganhou bastante força (e contestação) na opinião pública, e muitos analistas a relacionaram com as tentativas do Japão de "superar a modernidade" e transcender sua "ocidentalização". Essa proposta trazia consigo a noção implícita de que o país seria capaz de exercer um poder de atração baseado na riqueza de suas tradições históricas e culturais, e não em um desejo de parecer reconhecível para o mundo ocidental. O Japão deveria estabelecer seus próprios parâmetros de modernidade. Se existe um "sonho americano", então seria preciso criar um "sonho japonês".

No entanto, o relatório não era apenas uma conclamação ao patriotismo e à valorização da própria cultura: era também uma crítica às tendências introspectivas do Japão do pós-guerra. Tomando como base a chamada literatura *Nihonjinron*, cujo objetivo é estabelecer o Japão como uma entidade nacional única, exclusiva e homogênea, a comissão afirmou que a sociedade japonesa perdeu de vista o fato de que seu ideal deveria ser se tornar igualitária, e não homogênea: seu povo deveria desfrutar da igualdade, mas não em detrimento da originalidade, da inovação e do talento individual. O relatório criticava seriamente o sistema educacional japonês por sua "homogeneização e uniformização excessivas", que segundo os membros da comissão produziam uma força de trabalho formada por servidores, e não inovadores, minando assim a força cultural e econômica do país. Esse argumento encontrou uma ressonância considerável na opinião pública e também entre os educadores, mas a recomendação de que a escolarização obrigatória deveria se restringir a três dias por semana (para que o tempo restante fosse dedicado à criatividade individual) não foi levada muito a sério.

Por fim, o comitê também criticou o que foi visto como um exclusivismo da sociedade japonesa. A base para isso era a existência de problemas de preconceito e discriminação contra várias minorias étnicas (em especial imigrantes coreanos, mas também do Sudeste Asiático e da América do Sul), povos nativos (como os ainos e os habitantes de Okinawa), minorias sociais (como os *burakumin*) e também, em diversos sentidos, as mulheres. Além das implicações morais e étnicas desses fatos, o comitê apontou também sua importância prática para o Japão: a combinação do rápido declínio nas taxas de nascimento com a alta longevidade (a expectativa de vida no país, que beira os 82 anos, é a mais alta do mundo) e um fluxo de imigração próximo do zero levaram a um perigoso envelhecimento da população japonesa: quase 15% dos habitantes do país têm mais de 65 anos de idade. Na verdade, a pirâmide populacional japonesa está invertida: em 2005, as taxas de natalidade e de mortalidade se equivaleram; em 2007, a população do país encolheu pela primeira vez desde a guerra (para 127.435.000 pessoas). O envelhecimento da sociedade japonesa é uma das principais ameaças a sua prosperidade social e econômica no século XXI.

Sendo assim, a comissão afirmou que o Japão precisava ser mais aberto à imigração e dar um tratamento mais "igual" às minorias presentes no país. Para isso seria necessária uma reforma nas leis e, talvez o mais importante, nos costumes da população.

Obviamente, a tarefa de tornar o Japão mais atraente para a imigração depende pelo menos em parte do sucesso das tentativas de reformulação da identidade do país. Segundo o relatório, a prioridade número 1 do Japão do século XXI deveria ser o início de uma revolução espiritual, em uma insinuação de que a "década perdida" de 1990 havia representado um rito de passagem para um "segundo estágio do pós-guerra". Por outro lado, o comitê reconheceu também que havia uma série de medidas práticas a serem tomadas: foi sugerido inclusive que o próprio idioma japonês representava uma barreira para a internacionalização do país e que o Japão poderia fortalecer seu caráter internacional e se tornar mais acessível ao mundo caso adotasse o inglês como um segundo idioma oficial.

A terra do sol nascente

Em uma tentativa de superar a estagnação, na primeira década do terceiro milênio o Japão passou por uma série de reformas sociais, econômicas e políticas, mas não exatamente nos termos do relatório da comissão.

O sistema político do país foi reestruturado em 2001, restringindo o poder e o número de ministros e delegando mais autoridade ao primeiro-ministro. O primeiro beneficiário desse novo sistema foi Koizumi Jun'ichirô, que ocupou o cargo de 2001 a 2006. Koizumi tentou usar sua recém-adquirida maior autonomia para superar a disputa entre facções que vinha caracterizando a política sob o comando do Partido Liberal Democrata e impôs uma série de reformas radicais tanto em termos de política internacional como doméstica: ele garantiu a recuperação gradual da economia japonesa, incentivou o início de uma nova fase de confiança dentro do país e ordenou que as Forças de Autodefesa auxiliassem os Estados Unidos na chamada Guerra ao Terror, que se seguiu aos atentados de 11 de setembro de 2001. O Ato Antiterrorismo decretado no Japão proporcionou a sua força militar uma liberdade de manobra sem precedentes em território internacional no pós-guerra.

Koizumi também é lembrado como um primeiro-ministro incomumente agressivo e confiante, que soube se aproveitar do clamor por uma nova identidade japonesa em um momento de insegurança generalizada. Por exemplo, ele foi o primeiro entre os governantes japoneses em exercício a visitar o santuário Yasukuni (dedicado aos soldados japoneses mortos em combate), fazendo questão de assinar no livro de visitas "Koizumi Jun'ichirô, primeiro-ministro do Japão". Tal atitude provocou protestos dos países vizinhos, mas Koizumi se recusou a pedir desculpas, argumentando que o patriotismo era uma manifestação saudável e normal em qualquer país do mundo. Na verdade, ele fez uma tentativa deliberada e inovadora de se manter no limiar entre o cuidado para não ofender os países vizinhos e o incentivo à autoestima nacional: além de visitar o Yasukuni, propôs que a Agência de Autodefesa fosse transformada em ministério, ampliou a colaboração das Forças de Autodefesa com os Estados Unidos a níveis jamais vistos e incentivou as escolas a incluir o patriotismo em seu currículo; ao mesmo tempo, por outro lado, ele buscou também consolidar as boas relações do Japão com o restante da Ásia emitindo um pedido de desculpas oficial pelos estragos causados pelo país durante a Guerra do Pacífico.

Em diversos sentidos, Koizumi forçou o Japão na direção de uma "normalidade" internacional, dando seguimento às discussões iniciadas na década de 1990. No entanto, essa postura assertiva rendeu a Koizumi parcelas idênticas de inimigos e defensores, tanto no contexto doméstico quanto no exterior; ele foi ao mesmo tempo o primeiro-ministro mais admirado e mais criticado do Japão desde o fim da Segunda Guerra Mundial. Seu legado de reformas ainda precisa ser submetido ao teste da passagem do tempo, mas é fato que seu sucessor, Abe Shinzô, manteve muitos pontos de sua agenda. Em especial, ele determinou a criação do Ministério da Defesa e, em dezembro de 2006, sancionou a Lei da

Reforma Educacional, determinando que o patriotismo deveria ser ensinado em sala de aula, o que incluía cantar o hino nacional e hastear a bandeira do país dentro das escolas. Ele também recomendou a revisão do artigo 9 da constituição.

Ao contrário de Koizumi, contudo, Abe nunca chegou a ser um primeiro-ministro popular e renunciou ao cargo de maneira inesperada no segundo semestre de 2007, apontando para o fato de que a sociedade japonesa ainda permanecia dividida demais no que dizia respeito à identidade nacional, principalmente quando a questão envolvia suas forças militares. Em outubro de 2008, por exemplo, o general Tamogami Toshio, comandante da Força de Autodefesa Aérea, foi removido do posto pelo ministro da Defesa Hamada Yasukazu por ter escrito um artigo no qual afirmava: "Precisamos nos conscientizar de que muitos países asiáticos têm uma visão positiva da Grande Guerra da Ásia Oriental [...] é certamente uma falsa acusação dizer que nosso país é visto como um agressor". O ministro Hamada declarou publicamente que a posição do general Tamogami estava em dissonância com o governo e que ele seria retirado de seu posto.

Enquanto isso, a sociedade japonesa era submetida a mais uma série de reformas. Na esfera educacional, não apenas o sistema escolar foi alterado em uma medida imposta de cima para baixo: o ensino universitário também foi transformado para enfrentar os problemas do envelhecimento da população e do chamado "déficit de criatividade". Mudanças em termos de status e forma de custeio das universidades públicas foram implementadas para ampliar a concorrência entre as melhores instituições e promover uma maior criatividade no campo das pesquisas. Além disso, as principais universidades privadas, como a Keiô, em Tóquio, reformularam sua missão "para o século XXI", declarando a intenção de desenvolver uma noção mais globalizada de suas responsabilidades empresariais e intelectuais.

Ainda assim, as instituições de maior prestígio mantiveram suas posições privilegiadas de incubadoras dos futuros líderes da nação, e o acesso a elas permanece em princípio fundamentalmente meritocrático; as melhores universidades são conhecidas por realizar seus vestibulares em grandes arenas esportivas para abrigar o número gigantesco de candidatos. No entanto, o princípio e a prática muitas vezes divergem: o sucesso no cada vez mais concorrido vestibular se torna maior a depender da capacidade financeira dos pais de matricular os filhos em cursinhos especializados para que eles continuem estudando à noite, nos fins de semana e durante as férias escolares. Dessa forma, a meritocracia acaba sendo condicionada à realidade de uma sociedade que não é tão homogênea como sua imagem sugere: a disparidade de renda (em um país em que 90% das pessoas se consideram de classe média) cresceu significativamente desde as reformas econômicas de Koizumi – na verdade, corrigir esse problema se tornou a principal plataforma política do maior partido da oposição, o Partido Democrata do Japão. As minorias étnicas e sociais, assim como os filhos de pais separados, são severamente sub-representados no ensino universitário.

Apesar da persistência do elitismo no sistema educacional, os parâmetros do mercado de trabalho sofreram grandes transformações. Com o fim da era do crescimento elevado, as empresas estão cada vez menos dispostas a oferecer "empregos vitalícios", o que significa que a lealdade por parte do trabalhador passou a ser cada vez menos necessária. O resultado é que os funcionários mais jovens tendem a mudar de emprego quando estão insatisfeitos, em vez de permanecer no cargo visando a uma recompensa futura – ou seja, o mercado de trabalho se tornou muito mais dinâmico.

Por outro lado, essa relativa perda de relevância do local de trabalho como um elemento identitário de primeira importância levou a um ressurgimento das subculturas de consumo. A mais famosa e visível delas (mas certamente não a única) continua a ser a dos *otakus* (nerds), caracterizada por seus membros introvertidos (geralmente do sexo masculino) que gastam a maior parte de seu tempo e dinheiro em uma busca obsessiva por artefatos específicos da cultura pop, como animes, mangás ou jogos eletrônicos. O crítico cultural Azuma Hiroki chegou a afirmar que seria a "cultura *otaku*" que conduzira o Japão a um mundo pós-moderno. Para outros, no entanto, esse grupo é motivo de "pânico", identificado com a multiplicação de comportamentos antissociais nos grandes centros urbanos japoneses, sendo a mais recente onda de medo provocada por um massacre com arma branca cometido em Akihabara (o distrito da cultura pop em Tóquio), em junho de 2008. Em diversos sentidos, essa tensão social é emblemática de um sentimento generalizado de desconfiança e estranhamento entre gerações.

Além de suas diversas subculturas, o Japão do século XXI abriga uma grande variedade das chamadas "novas religiões", muitas das quais ressurgidas durante a década de 1990. A mais famosa (ou infame) delas (mas muito representativa de sua visão de mundo) foi a seita *Aum Shinrikyô*, responsável pelo atentado com gás sarin no metrô de Tóquio em 1995. A maioria desses grupos é de movimentos religiosos sincréticos, que combinam elementos do xintoísmo, do budismo e de diversas crenças folclóricas. Na verdade, a sociedade japonesa contemporânea tem uma relação complicada com a religião; uma pesquisa de 2005 constatou que 80% dos japoneses participavam de rituais e cerimônias xintoístas, *ao mesmo tempo* em que 70% da população se considerava budista.

Essa combinação de subculturas de consumo e práticas espirituais diversas parece ser uma característica marcante dos cada vez mais povoados centros urbanos japoneses do século XXI. Hoje em dia, o Japão é um país quase totalmente urbano, com apenas 5% da população envolvida em atividades agrícolas, enquanto a imensa maioria se espreme nos 20% de terra habitável do arquipélago. Apenas em Tóquio-Yokohama vivem 35 milhões de pessoas, naquela que se tornou a maior megalópole do mundo.

Essa altíssima densidade populacional nos grandes centros urbanos produz um grande número de problemas sociais, econômicos e ambientais, muitos dos quais comuns a outras sociedades industriais. Existe uma imensa pressão, por exemplo, sobre o sistema de saúde, em especial no cuidado com os mais velhos, e sobre o setor de obras públicas. A infraestrutura de transporte nas cidades japonesas está no limite; a imagem tão explorada de funcionários de luvas brancas empurrando passageiros para dentro de vagões de metrô lotados não é apenas um mito. As ruas, avenidas e estradas também estão saturadas por uma frota de 58 milhões de veículos. O deslocamento para o trabalho está cada vez mais longo e desconfortável – cerca de um terço dos trabalhadores ou estudantes perdem uma hora ou mais por dia só com o transporte. O preço dos imóveis nas cidades vem se tornando cada vez mais proibitivo, e Tóquio ostenta há muito tempo o título de cidade mais cara do mundo (apesar de, segundo algumas fontes, essa indesejável honraria agora pertencer a Moscou). Muitos analistas atribuem os altos níveis de insatisfação social do país a esses aborrecimentos da vida urbana.

Um dos efeitos colaterais dessa urbanização altamente disseminada foi a redescoberta e o reencantamento com a zona rural japonesa, que se tornou cenário de fantasias populares a respeito de uma alma secreta do Japão, ameaçada pelo mundo moderno. O governo do país inclusive chegou a financiar campanhas para incentivar os cidadãos dos centros urbanos a passar mais tempo no campo, e não apenas para melhorar sua qualidade de vida, mas também para entrar em contato com um lado da vida japonesa que parecia fadado a desaparecer sob o avanço irrefreável do capitalismo. A cultura popular, representada pelo mundialmente famoso produtor de animes Miyazaki Hayao, muitas vezes reforçou essa representação de um Japão rural fantástico, que de alguma forma conseguiu permanecer intocado pelas forças da modernidade e manter sua condição de guardião de um passado mítico e imaculado.

Nesse sentido, é importante refletir a respeito da maneira como a BBC apresentou o Japão a seus espectadores durante a Copa do Mundo de 2002 (descrita na introdução deste livro). Em certa medida, essa mistura do tradicional com o novo, da gueixa com o trem-bala, do Monte Fuji com os letreiros de neon nas ruas, é na verdade uma imagem bastante representativa dos elementos que compõem o Japão moderno. O ponto-chave aqui é ter em mente que não se trata de uma suposta e fictícia sociedade "oriental" tentando se conciliar com sua "ocidentalização", e sim de uma sociedade moderna em uma negociação contínua para definir sua identidade e seu papel em um mundo capitalista de escala global. Sua modernidade se dá em seus próprios termos. Assim como em muitas outras sociedades do início do século XXI, um questionamento premente no Japão atual é sobre o que virá depois da modernidade e qual vai ser a participação do Japão na resposta a essa pergunta.

Leituras complementares

Japão moderno

Beasley, W. G. *Rise of Modern Japan: Political, Economic and Social Change since 1850*. 3ª ed. Londres: Weidenfeld & Nicolson, 2000.

Gordon, Andrew. *A Modern History of Japan: From Tokugawa Times to the Present*. Oxford: Oxford University Press, 2003.

Jansen, Marius. *The Making of Modern Japan*. Cambridge: Harvard University Press, 2000.

Período Tokugawa

Harootunian, Harry. *Things Seen and Unseen: Discourse and Ideology in Tokugawa Nativism*. Chicago: University of Chicago Press, 1988.

Koschmann, Victor J. *The Mito Ideology: Discourse, Reform, and Insurrection in Late Tokugawa Japan*. Berkeley: University of California Press, 1987.

Ooms, Herman. *Tokugawa Ideology: Early Constructs*. Princeton: Princeton University Press, 1985.

Totman, Conrad. *Politics in the Tokugawa Bakufu*. Berkeley: University of California Press, 1988.

Wakabayashi, Bob Tadashi. *Anti-Foreignism and Western Learning in Early-Modern Japan*. Cambridge: Harvard University Press, 1986.

Período Meiji

Gluck, Carol. *Japan's Modern Myths: Ideology in the Late Meiji Period*. Princeton: Princeton University Press, 1985.

JANSEN, Marius. *Sakamoto Ryôma and the Meiji Restoration*. Stanford: Stanford University Press, 1961.
PYLE, Kenneth. *The New Generation in Meiji Japan*. Stanford: Stanford University Press, 1969.
TSURUMI, Patricia. *Factory Girls: Women in the Thread Mills of Meiji Japan*. Princeton: Princeton University Press, 1990.
WILSON, George. *Patriots and Redeemers in Japan: Motives in the Meiji Restoration*. Chicago: University of Chicago Press, 1992.

Período Taishô e início do período Shôwa

BARSHAY, Andrew. *State and Intellectual in Imperial Japan*. Berkeley: University of California Press, 1989.
DOWER, John. *War without Mercy: Race and Power in the Pacific War*. Nova York: Pantheon Books, 1986.
GOTO-JONES, Christopher. *Political Philosophy in Japan: Nishida, the Kyoto School and Co-Prosperity*. Londres: Routledge, 2005.
HAROOTUNIAN, Harry. *Overcome by Modernity: History, Culture, and Community in Interwar Japan*. Princeton: Princeton University Press, 2001.
HOSTON, Germaine. *Marxism and the Crisis of Development in Prewar Japan*. Princeton: Princeton University Press, 1986.

Período pós-guerra

ALLISON, Gary. *Japan's Postwar History*. 2ª ed. Ithaca: Cornell University Press, 2004.
DOWER, John. *Embrancing Defeat: Japan in the Wake of World War II*. Nova York: W. W. Norton, 1999.
GORDON, Andrew. *The Wages of Affluence: Labor and Management in Postwar Japan*. Cambridge: Harvard University Press, 1998.

IWABUCHI, Koichi. *Recentering Globalization: Popular Culture and Japanese Transnationalism*. Durham: Duke University Press, 2002.
JOHNSON, Chalmers. *MITI and the Japanese Miracle*. Stanford: Stanford University Press, 1982.
KERSTEN, Rikki. *Democracy in Postwar Japan: Maruyama Masao and the Search for Autonomy*. Londres: Routledge, 1996.
MIYOSHI, Masao (org.). *Postmodernism and Japan*. Durham: Duke University Press, 1989.
STOCKWIN, J. A. A. *Governing Japan: Divided Politics in a Resurgent Economy*. Malden: Blackwell Publishing, 2008.
TREAT, John. *Writing Ground Zero: Japanese Literature and the Atomic Bomb*. Chicago: University of Chicago Press, 1995.

Índice remissivo

Lista de ilustrações

Sobre o autor

Christopher Goto-Jones é professor de estudos sobre o Japão moderno e diretor do Modern East Asian Research Centre, da Universidade de Leiden, na Holanda. É autor de, entre outros, *Political Philosophy in Japan* (2010) e *Re-Politicising the Kyoto School as Philosophy* (2010).

lepmeditores
www.lpm.com.br
o site que conta tudo

IMPRESSÃO:

PALLOTTI
GRÁFICA

Santa Maria - RS | Fone: (55) 3220.4500
www.graficapallotti.com.br